ChatGPT

AI文案写作 从入门到精通

AIGC文画学院　编著

U0313895

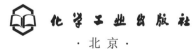

化学工业出版社

·北京·

内 容 简 介

13大专题内容深度讲解、110多个实用干货技巧，助你熟练运用ChatGPT产出文案！

190多分钟教学视频讲解、300多张图片全程图解，AI文案写作秘技一本快速精通！

本书赠送教学视频、PPT教学课件、电子教案等，通过以下3大篇目进行详细的介绍。

【基础操作篇】：介绍了15个AI文案创作的热门工具、ChatGPT的入门操作和进阶操作、使用ChatGPT的提问技巧。

【写作技巧篇】：详细介绍了运用ChatGPT生成标题文案、主体内容文案，以及AI软文的生成流程与写作方法。

【实战应用篇】：以案例的形式介绍了电商类文案、新媒体文案、广告类文案、短视频文案、直播类文案、学术类文案和小说类文案7大类常见的AI文案生成技巧。

本书内容丰富，实用性强，适合对AI文案感兴趣的人群，特别是文案策划者、文案写作人员、短视频编导等，还可以作为电子商务等专业的教材。

图书在版编目（CIP）数据

ChatGPT AI 文案写作从入门到精通 / AIGC 文画学院编著 . —北京：化学工业出版社，2023.10

ISBN 978-7-122-43887-4

Ⅰ . ① C… Ⅱ . ① A… Ⅲ . ①人工智能 – 应用 – 写作

Ⅳ . ① H05

中国国家版本馆 CIP 数据核字（2023）第 142997 号

责任编辑：李　辰　孙　炜　　　　　　　封面设计：异一设计
责任校对：王鹏飞　　　　　　　　　　　装帧设计：盟诺文化

出版发行：化学工业出版社（北京市东城区青年湖南街13号　邮政编码100011）
印　　装：天津图文方嘉印刷有限公司
710mm×1000mm　1/16　印张14　字数335千字　2023年10月北京第1版第1次印刷

购书咨询：010-64518888　　　　　　　　售后服务：010-64518899
网　　址：http://www.cip.com.cn
凡购买本书，如有缺损质量问题，本社销售中心负责调换。

定　　价：88.00元　　　　　　　　　　　　　版权所有　违者必究

党的二十大报告中指出："全党必须坚定信心、锐意进取，主动识变应变求变，主动防范化解风险，不断夺取全面建设社会主义现代化国家新胜利！"落实到个人，我们在面对人工智能应用于文案领域的态度也应如此，"主动识变应变求变"，主动地了解 AI 文案，适应科技给我们带来的变化，并不断地求新务实。

AI 文案的出现，意味着人工智能的发展有了新的突破，迈上了新的台阶。人工智能正融入文案创作领域中，能够帮助人们处理文案事务、撰写不同类型的文案。其中，ChatGPT 在 AI 文案中的应用，尤其受到人们的关注。

ChatGPT（Chat Generative Pre-trained Transformer），即对话生成式预训练转换模型，是美国 OpenAI 公司研发的聊天机器人程序。我们可以通过与 ChatGPT 对话来完成邮件、视频脚本、代码、论文、小说等与文字相关的工作。不仅如此，在我们赋予 ChatGPT 一定的身份之后，ChatGPT 还能以专家的口吻向我们提出问题，完成一些面试模拟、人物专访等任务。

ChatGPT 发挥这些作用的原理在于，它能够理解和学习人类的语言，进而与人类进行对话；还能够根据聊天的上下文生成连续性的文本，从而实现场景式对话。由此，ChatGPT 的出现开拓了文案创作的新途径，也为文案工作者减轻了工作负担。虽然当前 ChatGPT 在生成文案时可能会存在一些事实性的错误，但是这些问题随着 ChatGPT 模型的不断优化与完善，相信很快就能得到解决。未来，ChatGPT 在文案创作领域的应用场景将不断扩大。

本书是一本聚焦于 ChatGPT 应用于文案领域的实操性书籍。书中从介绍 AI 文案创作工具开始，到运用 ChatGPT 生成不同的文案结构，再到运用 ChatGPT 生成不同类型的文案，由浅入深，从实用和有效的角度出发向读者介绍 AI 文案的内容，帮助读者理解并掌握使用 ChatGPT 生成文案的技巧，是广大文字工作者和文案相关工作人员不可或缺的参考书。

本书以标题文案、文案核心、软文写作、电商类文案、新媒体文案、广告类文案、短视频文案、直播类文案、学术类文案和小说类文案为案例，来介绍运用 ChatGPT 生成不同文案的技巧，并赠送了视频教程，帮助读者以场景式学习 ChatGPT 实操，相信读者在学以致用后，都能有所收获。

特别提示：本书在编写时，是基于当前的 AI 工具和 ChatGPT 的界面截的实际操作图片，但书从编辑到出版需要一段时间，在此期间，这些工具的功能和界面可能会有变动，请在阅读时，根据书中的思路，举一反三，进行学习。

还需要注意的是，即使是相同的关键词，ChatGPT 每次生成的文案也会有差别，因此在扫码观看教程时，读者应把更多的精力放在 ChatGPT 关键词的编写和实操步骤上。

本书由 AIGC 文画学院编著，参与编写的人员还有朱霞芳、胡杨、苏高等人，在此表示感谢。由于作者知识水平有限，书中难免有疏漏之处，恳请广大读者批评、指正，沟通和交流请联系微信：2633228153。

编著者

目录

【基础操作篇】

【写作技巧篇】

【实战应用篇】

第 13 章　小说类文案：用 AI 实现作家梦想

【基础操作篇】

第 1 章

工具入门：用 AI 生成文案的好帮手

本章要点

利用 AI 生成文案是现今互联网时代的一大流行趋势，并且随着研究的深入，其传播与应用会越来越广泛，因此了解 AI 文案是十分必要的。为此，本章收集了一些利用 AI 生成文案工具进行介绍，让大家对其有一定的了解。

1.1 6大火爆AI写作工具

　　AI写作工具是指用于写作方面的智能编辑器，包括文案创作、软文编写、公文写作、脚本撰写等与文字书写相关的工作都能够通过AI写作工具完成，且高效、有一定的参考价值。本节将介绍一些实用的AI写作工具。

1.1.1　ChatGPT

　　ChatGPT是一种基于人工智能技术的聊天机器人，它使用了自然语言处理和深度学习等技术，可以进行自然语言的对话，回答用户提出的各种问题，如图1-1所示，并提供相关的信息和建议。

图 1-1　ChatGPT 能够回答用户提出的各种问题

　　ChatGPT的核心算法基于生成式预训练转换模型（Generative Pre-trained Transformer，GPT），这是一种由人工智能研究公司OpenAI开发的深度学习模型，可以生成自然语言的文本。

　　ChatGPT可以与用户进行多种形式的交互，例如文本聊天、语音识别、语音合成等。ChatGPT可以应用在多种场景中，例如客服、语音助手、教育、娱乐等领域，帮助用户解决问题，提供娱乐和知识服务。

1.1.2　文心一言

　　文心一言平台是一个面向广大用户的文学写作工具，它提供了各种文学素材和写作指导，帮助用户更好地进行文学创作。图1-2所示为使用文心一言生成的作文。

在文心一言平台上，用户可以利用人工智能技术生成与主题相关的文案，包括句子、段落、故事情节、人物形象描述等，帮助用户更好地理解主题和构思作品。

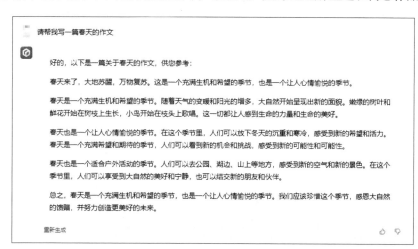

图1-2 使用文心一言生成的作文

此外，文心一言平台还提供了一些写作辅助工具，如情感分析、词汇推荐、排名对比等，让用户可以更全面地了解自己的作品，并对其进行优化和改进。同时，文心一言平台还设置了创作交流社区，用户可以在这里与其他写作者分享自己的作品，交流创作心得，获取反馈和建议。

总的来说，百度飞桨的文心一言平台为广大文学爱好者和写作者提供了一个非常有用的AI工具，帮助他们更好地进行文学创作。

1.1.3 通义千问

通义千问平台是阿里云推出的一个超大规模的语言模型，具有多轮对话、文案创作、逻辑推理、多模态理解、多语言支持等功能。通义千问平台由阿里巴巴内部的知识管理团队创建和维护，包括大量的问答对话和相关的知识点。

据悉，阿里巴巴的所有产品都将接入通义千问大模型，进行全面改造。通义千问支持自由对话，可以随时打断、切换话题，能根据用户的需求和场景随时生成内容。同时，用户可以自己的行业知识和应用场景，训练自己的专属大模型。

通义千问平台使用了人工智能技术和自然语言处理技术，使得用户可以使用自然语言进行提问，同时系统能够根据问题的语义和上下文，提供准确的答案和相关的知识点。这种智能化的问答机制不仅提高了用户的工作效率，还可以减少一些重复性工作和人为误差。图1-3所示为使用通义千问写的文章。

我想写一篇文章，关于《语言模型的诞生和发展史》，要求不少于1000字，用通俗、俏皮可爱的语气进行科普，让中学生也能听得懂

语言模型，也被称作自然语言处理模型，是一种人工智能技术，可以让计算机理解、分析和生成人类语言。自从20世纪50年代初以来，语言模型的发展一直处于快速增长的状态，而且这个领域仍然在不断发展和演变。今天，我想和你分享这个有趣的话题，让你了解语言模型的发展史，以及它是如何变得如此重要的。

一开始，人们想让计算机像人类一样理解自然语言。但是，在20世纪50年代初，这似乎是一个遥不可及的梦想。那时候，计算机还只能处理机器语言，而人类语言是由0和1组成的，两者之间有很大的不同。为了让计算机理解自然语言，科学家们不得不努力使用一些方法和技术来处理这种复杂性。

第一个真正的自然语言处理模型是由美国计算机科学家马文·闵斯基（Marvin Minsky）和艾伦·纽厄尔（Allen Newell）在20世纪60年代中期开发的。他们称之为"感知机"，它可以根据句子的结构和词汇来学习和理解句子的含义。感知机在当时被认为是一个里程碑式的成就，它开创了自然语言处理领域的新时代。

然而，随着时间的推移，研究人员开始意识到，传统的感知模型有很多局限性。首先，它们只能处理非常简单和具体的任务，而无法应对更加复杂的任务。其次，它们的训练和学习需要非常大量的数据和计算资源，这使得它们不适合在实践中使用。

因此，在20世纪80年代中期，新的算法和技术开始出现，这些技术被称为"统计语言模型"。统计语言模型的目标是使计算机能够处理自然语言，同时避免传统感知模型所面临的局限性。统计语言模型可以根据单词和句子之间的统计关系来进行训练和学习，这使得它们可以更好地应对更加复杂的任务。

在接下来的几十年里，统计语言模型不断发展和演变，人们使用各种各样的技术和算法来改进它们，使得它们变得更加可靠和高效。其中一些最为流行的技术包括隐马尔可夫模型（HMM）、循环神经网络（RNN）和卷积神经网络（CNN）。

图 1-3　使用通义千问写的文章

总之，通义千问是一个专门响应人类指令的语言大模型，它可以理解和回答各种领域的问题，包括常见的、复杂的甚至是少见的问题。

1.1.4　腾讯 Effidit

腾讯高效智能编辑（Efficient and Intelligent Editing，Effidit）是腾讯AI Lab（人工智能实验室）开发的一款创意辅助工具，可以提高用户的写作效率和创作体验。Effidit包括智能纠错、短语补全、文本续写、句子补全、短语润色、例句推荐、论文检索、翻译等功能。图1-4所示为腾讯Effidit的文本续写功能示例。

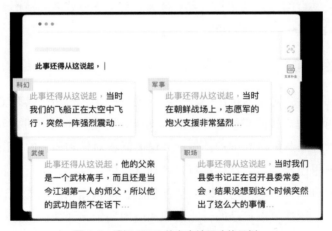

图 1-4　腾讯 Effidit 的文本续写功能示例

腾讯Effidit有两大特色，一是页面简单、干净，整体色调以白色为主，给人舒适感，且功能分模块展示，选项简单，便于操作；二是功能较多，提供关键词生成句子、句子改写与续写、文本纠错与润色等一站式写作服务，实用性很强。

1.1.5 Friday AI

　　Friday AI是一款智能生成内容工具，能够帮助文字工作者轻松地进行创作。Friday AI涉猎于社媒写作、短视频、电商、营销广告、文学等多个领域，提供文本的改写、翻新、批量生成，AI绘画描述词生成，自定义输入，小红书文案生成，新媒体推文写作，营销软文写作，论文大纲，短视频文案等多种内容模板，满足不同的用户需求。

　　图1-5所示为利用Friday AI生成的小红书景点打卡文案示例；图1-6所示为利用Friday AI"自定义输入"功能生成的游记示例。

 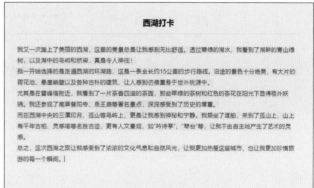

图 1-5　利用 Friday AI 生成的小红书景点打卡文案示例

 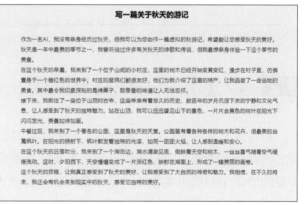

图 1-6　利用 Friday AI"自定义输入"功能生成的游记示例

1.1.6 AI 创作王

　　与上述AI工具的功能相差无几，AI创作王也是一款致力于内容创作的智能工具，包括"社媒创作""商业营销""工作效率"和"生活娱乐"4大功能区，这些功能区聚集了热门文案的写作需求和不同场景下的文案需求。如"社媒创作"功能区中提供了小红书文案的拟写、今日头条文章的撰写、一键生成微博推文、短视频口播稿的创作等，力求帮助有需要的人解决工作难题，提高工作效率。

AI创作王的优势一是功能覆盖面广，包括社媒、营销、办公和生活娱乐多种内容创作，能够满足大多数的场景需求；二是通过手机的公众号窗口便可操作，方便快捷。图1-7所示为使用AI创作王生成的短视频脚本示例。

图 1-7　使用 AI 创作王生成的短视频脚本示例

1.2 4大热门AI写作提示工具

AI写作工具能够生成文案的先决条件是人类输入一定的提示词或指令，简而言之，就是人类需要向AI提出一定的要求。如我们需要让AI写一个脚本文案，首要的便是向AI提出类似于"请帮我写作一篇短视频脚本"的要求。然后等待AI进行识别并执行。同时，AI所生成文案的参考性和使用价值也是由我们提出的要求决定的。

一般来说，输入的提示词或指令越具体，由AI生成的文案就越能够为我们所用。因此，如何输入更为具体的提示词或指令，以得到我们所期待的内容是需要掌握一定技巧的。本节将介绍一些AI写作提示工具，帮助大家更好地运用AI写作工具。

1.2.1　ChatGPT Shortcut

ChatGPT Shortcut是一个针对ChatGPT的使用而建立的提示词储存库。因为要想通过ChatGPT按照我们所期待的答案进行回复，就需要输入足够具体和完善的提示词（Prompt）。

在ChatGPT Shortcut中，开发者花费了大量的时间和精力去研究提示词的规则和范例，总结出了其规律，并按照领域和功能进行分类，使用户可以通过标签筛选、关键词搜索来找到合适的提示词，然后复制所需的提示词到ChatGPT中，就能获得更加准确和有效的回复。图1-8所示为ChatGPT Shortcut提供的提示词标签筛选。

图 1-8　ChatGPT Shortcut 提供的提示词标签筛选

ChatGPT Shortcut的优势有以下几点。

（1）页面操作简单，提高检索效率。ChatGPT Shortcut提供了快捷指令表，用户可以快速筛选和搜索适用于不同场景的提示词。

（2）提高ChatGPT的生产力。用户通过ChatGPT Shortcut获得提示词参考，并将其优化后在ChatGPT中输入，能够获得更加准确、有用的回复，从而提高ChatGPT的生产力。

（3）资源在不断地更新，适应性强。ChatGPT Shortcut的提示词来自网络精选、投稿，会进行定期更新，能够为用户提供新的提示词参考和思路。

1.2.2　SaaS Prompts

SaaS Prompts主要是为商业领域提供提示词的AI写作提示工具。在SaaS Prompts中，有500多个可操作的ChatGPT提示，可以帮助SaaS创始人、企业家和营销人员高效地发展业务。

SaaS Prompts结合商业场景的不同需求，将提示词分为"创意产生""回复生成""报告生成""图片说明生成""文本分类""情绪分析""总结""对话"8个创意模板。除此之外，用户也可以选择标签或输入关键词获得提示词参考。

例如，用户想要ChatGPT生成一份详细的创业战略与规划，不知如何输入提示词，可以在SaaS Prompts中获得提示词参考，如图1-9所示；再例如，用户想让ChatGPT生成一个LinkedIn视频广告的脚本，脚本的内容彰显专业性，且能够让广告产生一定的价值，那么在SaaS Prompts中可以获得如图1-10所示的提示词参考。

 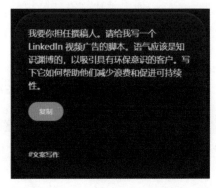

图 1-9　关于创业战略与规划的提示词参考　　图 1-10　关于 LinkedIn 视频广告脚本的提示词参考

1.2.3　eCommerce ChatGPT Prompts

eCommerce ChatGPT Prompts是一个集合电子商务领域的ChatGPT提示词的写作提示工具，主要为电子商务领域和营销领域的AI文案提供服务。在eCommerce ChatGPT Prompts内，创建了200多万个电子商务提示和多达10个个性化参数，能够满足不同的电子商务营销文案需求，如图1-11所示。

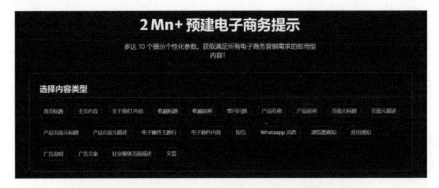

图 1-11　eCommerce ChatGPT Prompts 提供的选择内容类型

在eCommerce ChatGPT Prompts中，可以直接找到与电子商务领域相关的ChatGPT提示词描述，举例如下。

（1）让ChatGPT为电商产品创造主页内容的提示词描述，如"像电子商务内容作家一样，为'××品牌'的'××产品'创建主页内容"。

（2）让ChatGPT生成产品页面元描述，如"像电子商务搜索引擎优化（Search Engine Optimization，SEO）专家一样思考，并为来自××行业的××品牌的××产品生成页面元描述"。

1.2.4　Analogenie

Analogenie是一个特殊的写作提示工具，主要是通过编写创造性的类比和隐喻来生成提示词参考的。在创意写作、广告文案、论文写作、短视频脚本等不同的文字场景中，Analogenie都可以轻松地生成类比和隐喻。图1-12所示为由Analogenie生成的类比示例。

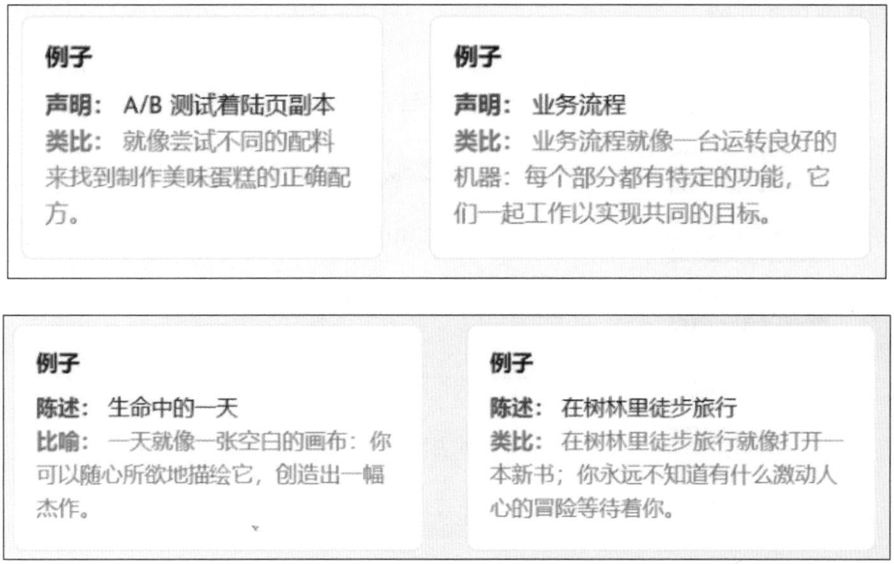

图 1-12　由 Analogenie 生成的类比示例

Analogenie提供类比和隐喻，能够帮助用户向ChatGPT提供更生动、具体的描述提示，也能够增加用户的语言感染力，还能够使文字工作者的工作效率提高，节省其时间，以投入更深入的内容创作中。

1.3 5大常用AI内容检测工具

就ChatGPT而言，其设置的程序是带有连续性的回复。也就是说，ChatGPT最近一次的回复会以上一次回复的答案为语境或前提。在这一情形下，面对无法得知或不太重要的信息，ChatGPT会自行杜撰或随意编写内容进行回复。因此，对于ChatGPT生成的内容，我们需要借助内容检测工具进行检测，然后再判断是否可以使用。本节将介绍一些实用的AI内容检测工具，对于AI文案的运用是十分有帮助的。

1.3.1　智能文本检测

智能文本检测是由数美科技推出的智能文本检测产品。其基于先进的语义模型和多种语种样本，为各种不同场景的文本提供敏感词、违禁信息、暴力恐怖信息、广告导流等内容的识别，帮助优化文本内容。图1-13所示为智能文本检测平台的详细功能介绍。

图 1-13　智能文本检测平台的详细功能介绍

1.3.2　智能改写工具

智能改写工具是帮助用户进行内容创作、文本撰写的AI产品，其主要的用途是文本扩写、问答营销和文章生成，能够让用户提高内容创作的效率。智能改写工具划分了关键词排名、词库搜索、文案生成、智能改写、引流助手等多个模块，其中智能改写功能的主要作用是对文本的原创度进行检测。

图1-14所示为使用智能改写工具进行AI编辑与原创度检测的示例。

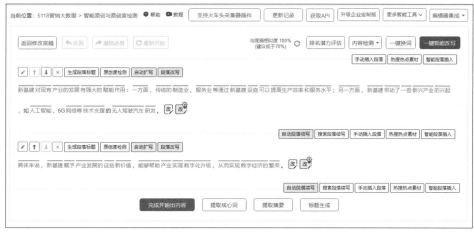

图 1-14　使用智能改写工具进行 AI 编辑与原创度检测的示例

1.3.3　爱校对

爱校对是清华大学计算机智能人机交互实验室研发的一款错别字检查工具，支持共享词库、自定义词库和不限字数的文本校对，能够实现高效、便捷地编辑文档，有效地帮助文字工作者解决痛点。

图1-15所示为使用爱校对进行文字校对的示例。

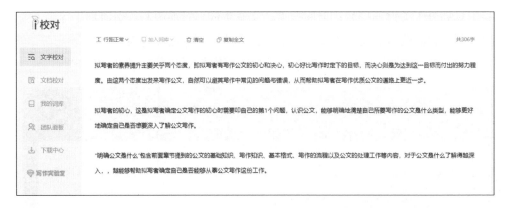

图 1-15　使用爱校对进行文字校对的示例

1.3.4　句易网

句易网是易点网络下服务于电商行业的一个工具，能够为品牌主提供新闻稿发布、社媒内容撰写、品牌搜索首页定制等服务。同时，运用句易网，也能够进行违禁词检测。

句易网提供最新广告法违禁词过滤功能，能够对各类自媒体文章、短视频文案、新闻稿、社交媒体用语等进行禁用语检查。图1-16所示为运用句易网进行违禁词检查示例。

（a）

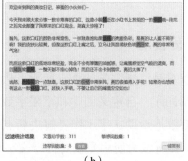

（b）

关键词	词类别	备注
神仙 ： 通用违禁词		null
最重要 ： 通用违禁词		null
超高 ： 通用违禁词		null
神器 ： 通用违禁词		null
最 ： 通用违禁词		null
持久 ： 美妆违禁词		null
白皙 ： 美妆违禁词		null
亮白 ： 美妆违禁词		null

（c）

图 1-16 运用句易网进行违禁词检查示例

在上述示例中，句易网根据自身对2023年市场监管总局发布的最新广告法的解读，对所输入的文本进行违禁词检查。根据检查结果，大部分的违禁词是基于"广告绝对化用语""容易对消费者产生误导"等条例进行标注的。因此，句易网提供的违禁词标注仅起到参考作用，用户需要进行甄别。

1.3.5 易撰

易撰是一款服务于自媒体内容创作者的创作工具，主要提供爆文分析、热点追踪、视频素材库、数据监测、原创检测等功能，具体介绍如图1-17所示，能够帮助媒体人实现高效创作。

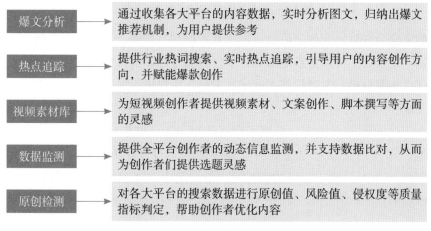

图 1-17 易撰平台功能的具体介绍

　　下面将使用ChatGPT生成的一篇童话故事，输入至易撰平台中，进行原创检测示例，如图1-18所示。

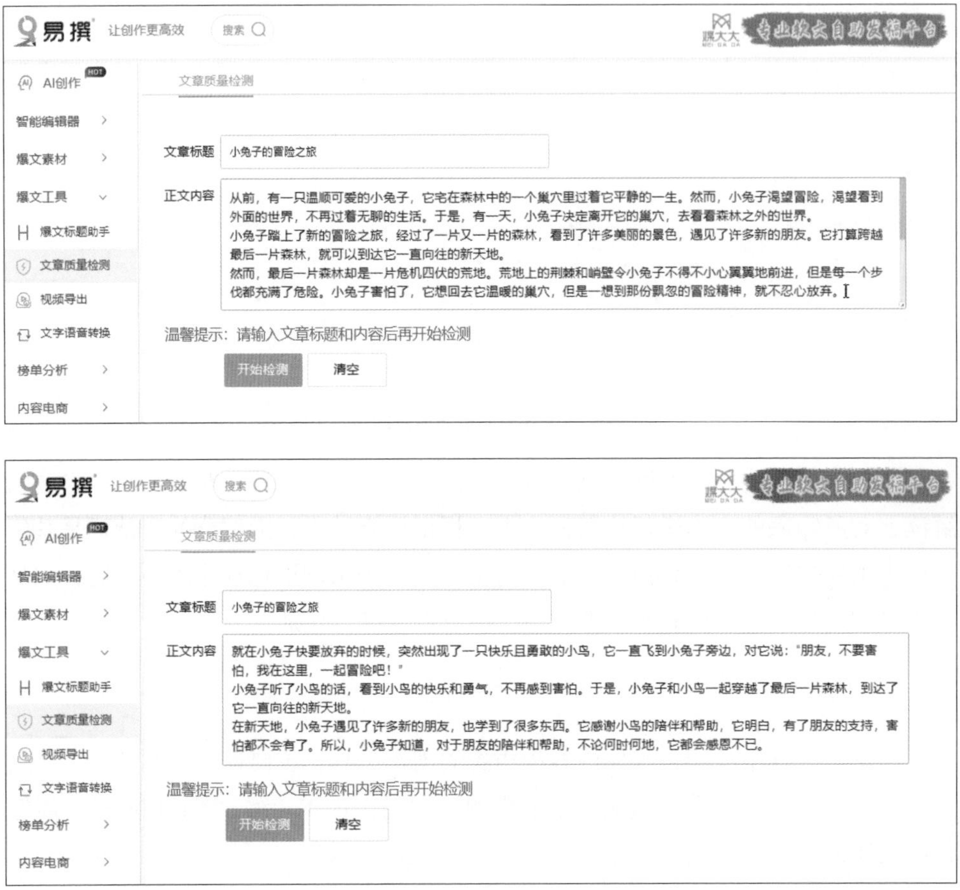

图1-18　易撰平台进行文章原创检测示例

　　待文章全部输入完成之后，点击"开始检测"按钮，易撰平台会自动弹出检测报告。在报告中可以清晰地看到该平台对文章的评价，包括风险检测结果、原创分值、标题分析、文章标签或领域参考等，用户可以通过改变这些信息来打造爆款文章。

　　在上述示例的报告中，易撰平台对使用ChatGPT生成的童话故事做出了如下判断，未发现文章存在违规内容和违禁词，与百度内容相对照，该文章的原创度为70.99%，属于积极的情感类文章，适合归属于母婴育儿领域，具体如图1-19所示。

图 1-19　在易撰平台进行文章原创检测的详细报告

本章小结

本章主要向大家介绍了AI文案的生成工具，包括6种火爆的AI写作工具、4种热门的AI写作提示工具和5种常用的AI内容检测工具，帮助读者从工具入门了解AI文案，以便后期更好地运用它们。

课后习题

鉴于本章知识的重要性，为了帮助读者更好地掌握所学知识，本节将通过课后习题，帮助读者进行简单的知识回顾和补充。

1. 简述你对ChatGPT的印象。

2. 除了书中介绍的这些AI工具，你还知道哪些AI工具？

第 2 章

操作入门：用 ChatGPT 写好文案

在当今的新媒体时代，ChatGPT 最有价值的功能是生成文案，无论是自媒体文章、广告营销软文，还是短视频脚本、社媒文案等，都可以向ChatGPT 发出指令并生成所需内容。本章将详细介绍如何用 ChatGPT 写好文案。

2.1　ChatGPT，开启AI新纪元

在ChatGPT出现之前，我们对智能文案生成工具可能并不陌生，有不少网络平台通过数据的整合与筛选都可以实现AI生成文案。但ChatGPT不仅可以实现AI生成文案，还能与人类进行连续性的对话，可以说开启了AI文案的新纪元。本节将带领大家从追踪溯源开始，更深入地了解ChatGPT。

2.1.1　ChatGPT 的历史与发展

ChatGPT的历史可以追溯到2018年，当时OpenAI公司发布了第一个基于GPT-1架构的语言模型。在接下来的几年中，OpenAI不断改进和升级这个系统，推出了GPT-2、GPT-3、GPT-3.5、GPT-4等版本，使得它的处理能力和语言生成质量都得到了大幅提升。

ChatGPT的发展离不开深度学习和自然语言处理技术的不断进步，这些技术的发展使得机器可以更好地理解人类语言，并且能够进行更加精准和智能的回复。同时，大规模的数据集和强大的计算能力也是推动ChatGPT发展的重要因素。在不断积累和学习人类语言数据的基础上，ChatGPT的语言生成和对话能力越来越强大，能够实现更加自然流畅和有意义的交互。

ChatGPT为人类提供了一种全新的交流方式，能够通过自然的语言交互，来实现更加高效、便捷的人机交互。未来，随着技术的不断进步和应用场景的不断扩展，ChatGPT的发展也将会更加迅速，带来更多行业创新和应用价值。

2.1.2　自然语言处理的发展史

ChatGPT采用深度学习技术，通过学习和处理大量的语言数据集，具备了自然语言理解和生成的能力。自然语言处理（Natural Language Processing，NLP）是计算机科学与人工智能交叉的一个领域，它致力于研究计算机如何理解、处理和生成自然语言，是人工智能领域的一个重要分支。自然语言处理的发展史可以分为以下几个阶段。

1. 规则化方法（1950年—1970年）

早期的自然语言处理研究主要采用基于规则的方法，即将语言知识以人工的方式编码成一系列规则，并利用计算机程序对文本进行分析和理解。不过，由于自然语言具有复杂性、模糊性、歧义性等特点，因此规则化方法在实际应用中存在一定的局限性。

2. 统计学习方法（1970年—2000年）

随着计算机存储空间和处理能力的不断提高，自然语言处理开始采用统计学习方法，即通过学习大量的语言数据来自动推断语言规律，从而提高文本理解和生成的准确性，这种方法在机器翻译、语音识别等领域得到了广泛应用。

3. 深度学习方法（2000年至今）

随着深度学习技术的不断发展，自然语言处理开始采用神经网络等深度学习方法，通过多层次的神经网络来提取文本的语义和结构信息，从而让文本理解和生成变得更高效、准确。其中，基于Transformer的语言模型（如GPT-3）已经实现了人机交互的自然语言处理。

★ 专 家 提 醒 ★

Transformer 是一种用于自然语言处理的神经网络模型，它使用了自注意力机制（Self-Attention Mechanism）来对输入的序列进行编码和解码，从而理解和生成自然语言文本。

总的来说，自然语言处理的发展经历了规则化方法、统计学习方法和深度学习方法3个阶段，每个阶段都有其特点和局限性。未来，随着技术的不断进步和应用场景的不断拓展，自然语言处理也将会迎来更加广阔的发展前景。

2.1.3 ChatGPT 的产品模式

ChatGPT是一种语言模型，它的产品模式主要是提供自然语言生成和理解的服务。ChatGPT的产品模式包括以下两个方面。

（1）API接口服务：ChatGPT可以提供API接口服务，供开发者或企业集成到自己的产品或服务中，实现智能客服、聊天机器人、文本摘要等功能。

★ 专 家 提 醒 ★

应用程序编程接口（Application Programming Interface，API）服务是一种提供给其他应用程序访问和使用的软件接口。在人工智能领域中，开发者或企业可以通过API服务将自然语言处理或计算机视觉等技术集成到自己的产品或服务中，以提供更智能的功能和服务。

（2）自研产品：ChatGPT可以作为自研产品，用于智能客服、聊天机器人、语音识别、文本摘要、文章生成、翻译等多种场景，以满足用户对智能交互的需求。

无论是提供API服务还是自研产品，ChatGPT都需要在数据预处理、模型训练、服务部署、性能优化等方面进行不断优化，以提供更高效、更准确、更智能的服务，从而赢得用户的信任和认可。

2.1.4　ChatGPT 的主要功能

ChatGPT的主要功能是自然语言处理和生成，包括文本的自动摘要、文本分类、对话生成、文本翻译、语音识别、语音合成等方面。ChatGPT可以接受输入的文本、语音等形式，然后对其进行语言理解、分析和处理，最终生成相应的输出结果。

例如，用户可以在ChatGPT中输入需要翻译的文本，如"Can you help me translate this sentence into French？（你能帮我把这个句子翻译成法语吗？）"，ChatGPT将自动检测用户输入的源语言，并为用户翻译成所选择的目标语言，如图2-1所示。

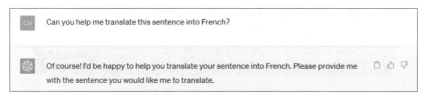

图 2-1　ChatGPT 的文本翻译功能

ChatGPT主要基于深度学习和自然语言处理等技术来实现这些功能，它采用了类似于神经网络的模型进行训练和推理，模拟人类的语言处理和生成能力，可以处理大规模的自然语言数据，生成质量高、连贯性强的语言模型，具有广泛的应用前景。

除了以上提到的常见功能，ChatGPT还可以应用于自动信息检索、推荐系统、智能客服等领域，为各种应用场景提供更加智能、高效的语言处理和生成能力。

2.2　ChatGPT的注册与实操

用户学会了运用ChatGPT，便可以使用其生成短视频脚本、广告营销文案、电商文案、评论文案、自媒体文章、AI绘画代码等。本节将为大家介绍如何注册与实操ChatGPT。

2.2.1　注册与登录 ChatGPT

要使用ChatGPT，用户首先要注册一个OpenAI账号。

下面简单介绍下注册与登录ChatGPT的方法。

扫码看教学视频

步骤 01　打开OpenAI官网，单击页面下方的Learn more about GPT （了解GPT更多详情）按钮，如图2-2所示。

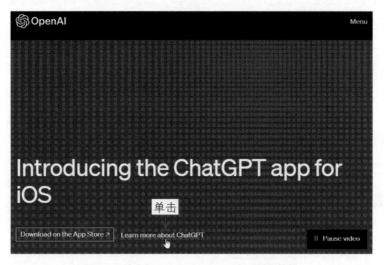

图 2-2　单击 Learn more about ChatGPT 按钮

步骤 02　执行操作后，在打开的新页面中单击Try on web（试用ChatGPT网页版）按钮，如图2-3所示。

图 2-3　单击 Try on web 按钮

步骤03 执行操作后，在打开的新页面中单击白色的方框，进行真人验证，如图2-4所示。需要注意的是，这个步骤并非每次登录都需要，有时可以直接到登录页面。

步骤04 执行操作后，进入ChatGPT的登录页面，单击Sign up（注册）按钮，如图2-5所示。注意，如果已经注册了账号，则可以直接在此处单击Log in（登录）按钮，输入相应的邮箱地址和密码，即可登录ChatGPT。

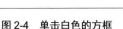

图2-4 单击白色的方框

图2-5 单击 Sign up 按钮

步骤05 执行操作后，进入Create your account（创建您的账户）页面，输入相应的邮箱地址，如图2-6所示，也可以直接使用微软或谷歌账号进行登录。

步骤06 单击Continue（继续）按钮，在新打开的页面中输入相应的密码（至少8个字符），如图2-7所示。

图2-6 输入相应的邮箱地址

图2-7 输入相应的密码

步骤07 单击Continue（继续）按钮，邮箱通过后，系统会提示用户输入姓名和手机号进行验证，按照要求进行设置即可完成注册，然后就可以使用ChatGPT了。

2.2.2　实操 ChatGPT 生成文案

扫码看教学视频

登录ChatGPT后，将会打开ChatGPT的聊天窗口，即可开始进行对话。用户可以输入任何问题或话题，ChatGPT将尝试回答并提供与主题有关的信息。下面介绍具体的操作方法。

步骤01 打开ChatGPT的聊天窗口，单击底部的输入框，如图2-8所示。

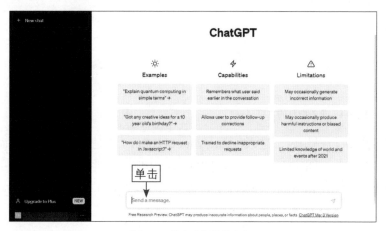

图 2-8　单击底部的输入框

步骤02 在输入框中输入相应的关键词，如"请为牙膏产品写一段宣传文案"，如图2-9所示。

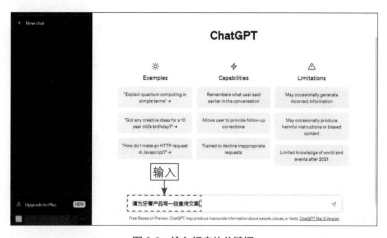

图 2-9　输入相应的关键词

步骤 03 单击输入框右侧的发送按钮 ⊿ 或按【Enter】键，ChatGPT即可根据要求生成相应的文案，如图2-10所示。

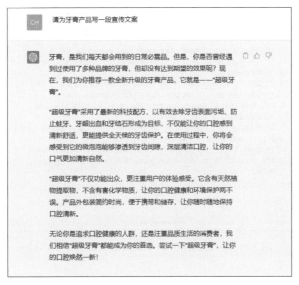

图 2-10　ChatGPT 生成相应的文案

2.3　ChatGPT的进阶操作方法

在掌握了ChatGPT的基本用法之后，可以通过掌握一些输入关键词的技巧和改变相应的参数，来提升ChatGPT的实用性，让其更好地为我们所用。本节将介绍一些ChatGPT的进阶操作方法。

2.3.1　让 ChatGPT 学会逻辑思考

如果我们想要ChatGPT更加理解我们提出的问题，可以尝试在向其提问时，加入相应的指令，即可让ChatGPT学会逻辑思考，生成更令我们满意的答案。下面将举例介绍具体的操作方法。

扫码看教学视频

步骤 01 当我们不加任何指令向ChatGPT提问"未来五年内人工智能的发展趋势会有哪些"时，生成的答案如图2-11所示。

步骤 02 接下来加入指令：Let's think step by step（让我们一步一步思考），在ChatGPT中输入"未来五年内人工智能的发展趋势会有哪些，让我们一步一步思考"，生成的答案如图2-12所示。从图2-12可以看出，没有加入指令生成的答案比较笼统和宽泛，添加了指令后生成的答案是循序渐进的，更具逻辑性。

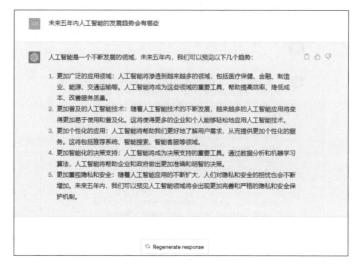

图 2-11　不加任何指令时 ChatGPT 生成的答案（1）

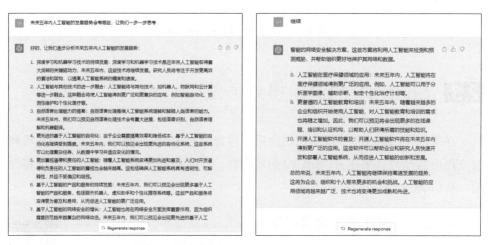

图 2-12　加入指令时 ChatGPT 生成的答案（1）

下面再以经典逻辑题为例，更加直观地介绍在ChatGPT中加入指令前后生成的答案对比。

步骤01 首先在不添加指令的情形下，向ChatGPT提问"ABCD四个人过桥，一次最多能过两个人，他们的手电能维持十七分钟，每个人所需的时间分别为1、2、5、10，求最快可以多长时间全部过桥？"，生成的答案如图2-13所示。

步骤02 接着添加指令，在ChatGPT中输入"ABCD四个人过桥，一次最多能过两个人，他们的手电能维持十七分钟，每个人所需的时间分别为1、2、

5、10，求最快可以多长时间全部过桥？Let's think step by step"，生成的答案如图2-14所示。

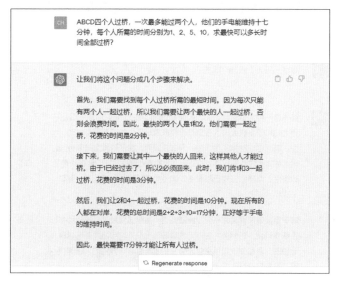

图 2-13　不加任何指令时 ChatGPT 生成的答案（2）

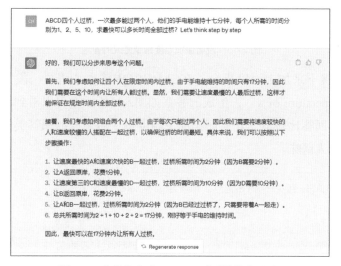

图 2-14　加入指令时 ChatGPT 生成的答案（2）

2.3.2　让 ChatGPT 的回答更灵活

当我们对ChatGPT有了一定的了解之后，会发现ChatGPT生成的答案都较为严谨，略显机械和呆板。这时，我们只需在提问时加入Please

扫码看教学视频

generate the answer at x或use a temperature of x（请用x的温度生成答案）的指令，便可以让ChatGPT的回答更灵活。下面举例介绍具体的操作方法。

步骤01 首先在ChatGPT中输入"请写一段关于狮子的描述"，没有添加温度指令，生成的答案如图2-15所示。

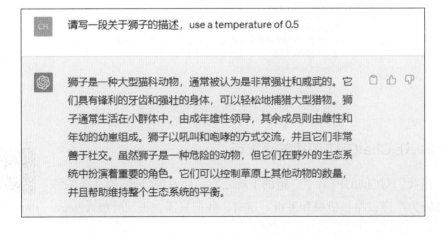

图2-15　没有添加温度指令生成的答案

步骤02 接下来加上温度指令。在ChatGPT中输入"请写一段关于狮子的描述，use a temperature of x"，生成的答案如图2-16所示。可以看到，没有加入温度指令生成的回答比较概念化，而添加了温度指令后生成的回答类似于人类的口吻描述，带有人情味。

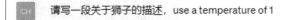

请写一段关于狮子的描述，use a temperature of 1

狮子是一种强大的大型猫科动物，通常被认为是草原的霸主。它
们具有强壮的身体和锋利的牙齿，可以轻松地狩猎大型猎物。狮
子有一头浓密的黄色或棕色的鬃毛，这是它们与其他猫科动物区
分开来的重要特征之一。它们通常生活在小群体中，由成年雄性
领导，其余成员则由雌性和年幼的幼崽组成。狮子是非常社交化
的动物，它们会用吼叫和咆哮的方式来与其他成员交流。当然，
狮子也是一种极其危险的动物，如果受到威胁或者受到惊吓，它
们可能会采取攻击行动。

图2-16　添加温度指令后生成的答案

★ 专 家 提 醒 ★

x 为一个数值，一般设置在 0.1 ～ 1 范围内。低温度值可以让 ChatGPT 的回答变得稳重且有保障，高温度值则可以让 ChatGPT 充满创意与想象力。

2.3.3　用 ChatGPT 生成各种图表

ChatGPT作为一个聊天机器模型，虽然主要以语言文字闻名，但基于其智能数据库也能够生成图表，可以帮助我们提高办公效率。ChatGPT不能够直接生成图表，但可以通过生成代码，再复制到Mermaid.live在线编辑器里，以此实现图表的制作。下面将举例介绍具体的操作方法。

扫码看教学视频

步骤01 在ChatGPT中输入"用Mermaid.js语言生成《红楼梦》的人物关系图"，生成相应的回复如图2-17所示。

步骤02 单击Copy code（复制代码）按钮，如图2-18所示。

步骤03 在浏览器中找到并打开Mermaid.live线上编辑器，❶将复制出来的代码粘贴进去；❷可以查看《红楼梦》的人物关系简图，如图2-19所示。

★ 专 家 提 醒 ★

使用 ChatGPT 生成的图表只是作为一个提供代码的"帮手"，具体的任务还需要借助 Mermaid.live 线上编辑器来完成，这是 ChatGPT 的局限性，也是其发展机遇。需要注意的是，ChatGPT 生成的 Mermaid.js 代码可能存在事实错误，但不可否认它能够实现制作图表的功能。

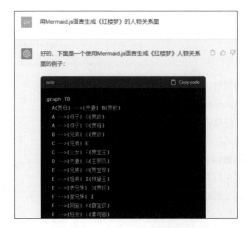

图 2-17　ChatGPT 生成的回复

图 2-18　单击 Copy code（复制代码）按钮

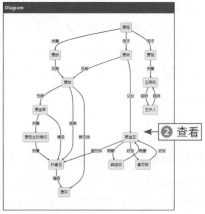

图 2-19　查看《红楼梦》的人物关系简图

下面再举例用ChatGPT生成甘特图的操作方法。

步骤 01 新建一个对话窗口，在ChatGPT中输入"我要采购一批办公设备和生产物料，采购资金为两万元，期限是两个星期。你作为一个项目管理专家，我需要你用Mermaid.js语言制作一张甘特图，说明具体的采购流程和各个流程中的团队分工。"生成的回复如图2-20所示。

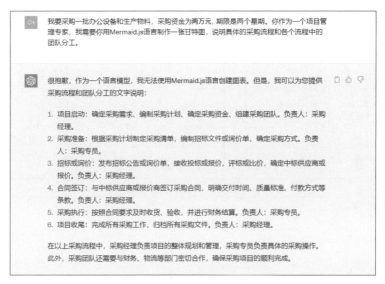

图 2-20 ChatGPT 生成的回复（1）

步骤 02 因为我们的目的是获得甘特图的代码，因此进一步向ChatGPT提问。在ChatGPT中输入"以上内容可以用Mermaid.js语言制作成甘特图吗？（类似连续性的问题）"，生成的回复如图2-21所示。

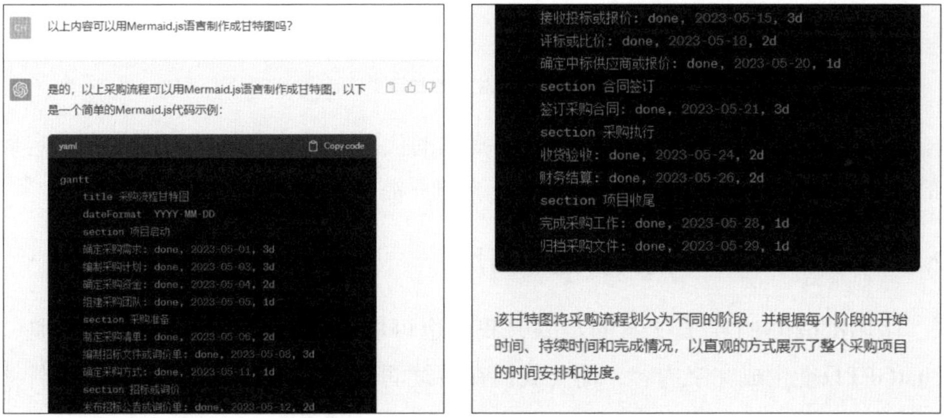

图 2-21 ChatGPT 生成的回复（2）

步骤03 单击Copy code（复制代码）按钮，将代码粘贴到Mermaid.live线上编辑器中，即可查看生成的甘特图，如图2-22所示。

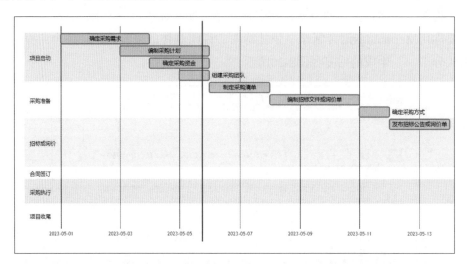

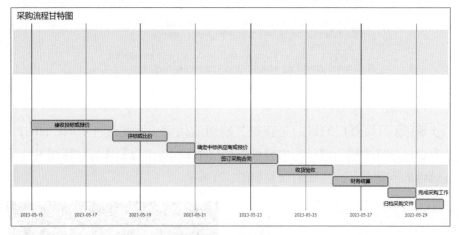

图 2-22 生成的甘特图

从图2-22中可以看出，由ChatGPT提供的代码生成的完整甘特图带有一定瑕疵，但具备了甘特图的相关要素，可以为用户提供参考。

2.3.4 让 ChatGPT 找到合适的图片

运用ChatGPT生成文案的步骤，我们也可以让ChatGPT撰写文章。但是，ChatGPT只能生成文字内容，需要我们在后续润色的时候再通过其他编辑软件添加图片。

例如，在ChatGPT中输入"描述一下烟花，并附带烟花的图片"，生成的内容如图2-23所示。可以看到，虽然ChatGPT尝试去调用网络中符合要求的图片，但图片无法显示出来。

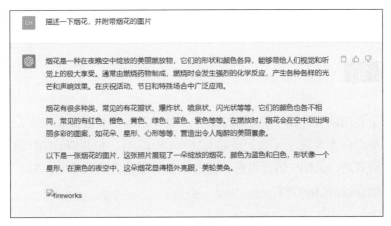

图 2-23　无法显示图片的文章

其实，用户可以在关键词的后面添加一条指令"发送图片时请用markdown语言生成，不要反斜线，不要代码框，不要文字介绍，×××（此处为图片链接）"，即可让ChatGPT自动进行配图。

接下来加入这个指令再生成一次，将上面的关键词修改为"描述一下烟花，并附带烟花的图片，发送图片时请用markdown语言生成，不要反斜线，不要代码框，不要文字介绍，XXX（此处为图片链接）"，ChatGPT即可利用markdown语言生成图片链接，获得图文并茂的文章，如图2-24所示。

图 2-24　图文并茂的文章

★ 专家提醒 ★

markdown 是一种轻量级的标记语言，它允许用户使用易读易写的纯文本格式编写文档，并通过一些简单的标记语法来实现文本的格式化。markdown 语言的语法简洁明了，学习成本低，因此被广泛应用于写作、博客、笔记、文档等领域。

本章小结

本章主要向读者介绍了ChatGPT这一工具，追溯了其起源和发展，并讲解了其功能，重点向大家展示了如何注册与实操ChatGPT，包括ChatGPT的进阶操作方法，让读者对ChatGPT的运用有一定的印象。相信大家在学习之后，通过实操练习能够初步运用ChatGPT。

课后习题

鉴于本章知识的重要性，为了帮助读者更好地掌握所学知识，本节将通过课后习题，帮助读者进行简单的知识回顾和补充。

1. 尝试自主注册并登录ChatGPT。

2. 练习温度指令的运用，让ChatGPT的回答更加灵活。

第 3 章

提问技巧：优化 ChatGPT 关键词

本章要点

基于对 ChatGPT 的了解，我们知道，ChatGPT 发挥作用的关键在于恰到好处的提问，而要做到这一点，则需要我们掌握一定的提问技巧，即学会优化 ChatGPT 关键词。本章将介绍一些有效的方法，以帮助大家得心应手地运用 ChatGPT。

3.1　ChatGPT关键词的挖掘方法

当我们想要ChatGPT给我们提供帮助时，需要输入合适的关键词，让ChatGPT识别、理解并提供回复。因此，有效地运用ChatGPT的关键在于挖掘关键词。本节将为大家介绍一些ChatGPT关键词的挖掘方法。

3.1.1　选择贴切的关键词

挖掘关键词的第一步是选择贴切的关键词。关键词大致可以分为两类，一是较为宽泛的关键词，如在ChatGPT中输入"请写出10个关于旅游的文案"，得到的回复如图3-1所示。

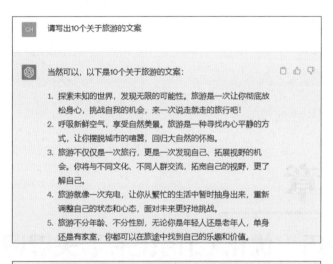

图 3-1　输入较为宽泛的关键词得到的回复

二是较为具体的关键词，如在ChatGPT中输入"请写出10个关于去成都旅游的文案"，得到的回复如图3-2所示。

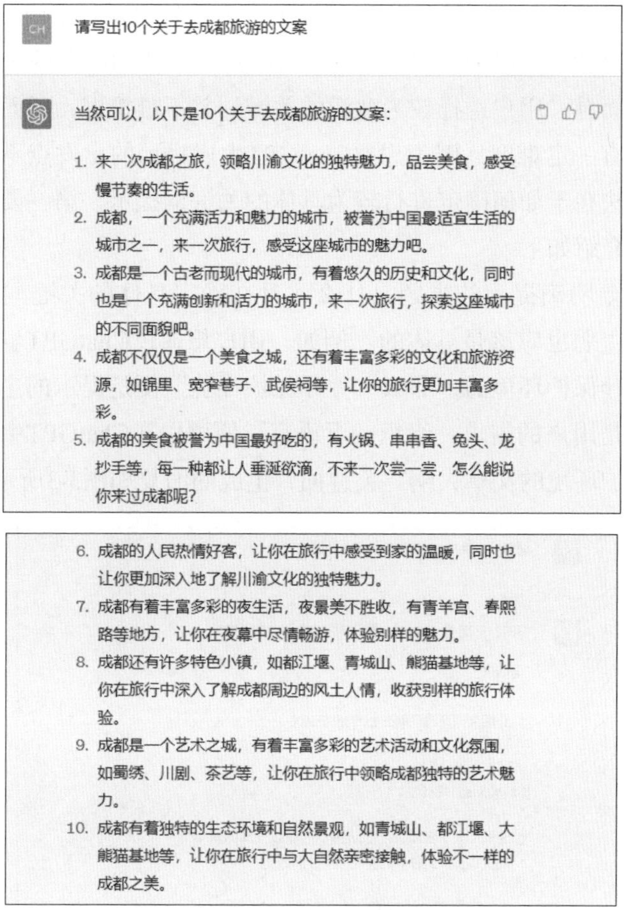

图 3-2　输入较为具体的关键词得到的回复

　　由图3-1和图3-2可知，ChatGPT对于宽泛的关键词和具体的关键词的识别度是不同的，会给用户提供不一样的回复。在输入宽泛的关键词，ChatGPT给出的回复会较为概念化，涉及多个方面的信息；而输入具体的关键词时，ChatGPT会给出更贴近提问的回复。两种关键词各有其用处，用户选择输入哪种关键词取决于其真正的需求是什么。

3.1.2　确定提示的主题

　　我们对ChatGPT关键词进行挖掘，实则是想要给予ChatGPT提示，从而获得ChatGPT更为理想的回复。一般来说，用户选择较为宽泛的关键词进行提示，是想要ChatGPT生成一些事实性、概念性的回复，类似于"请说出世界上最大的湖是什么？"的提示。

而用户选择较为具体的关键词进行提示，多数是想要ChatGPT提供一些灵活性、观念性的回复，类似于"用诗意的语言描述一下武功山"的提示。

从这一层面看，用户选择较为宽泛的关键词并不难挖掘，反而是选择较为具体的关键词会有一定难度，因为想要ChatGPT生成提示的出发点不同。为此，挖掘关键词的方法在于如何确定进行较为具体的关键词提示。第一要义是确定提示的主题，详细介绍如下。

用户首先要明确提示的主题是什么，且在确定具体的关键词的基础上，用户明确提示的主题也应该是具体的。例如，用户想通过ChatGPT生成一篇文章大纲，是关于呼吁保护环境的，那么"呼吁保护环境"便是提示的主题，而"一篇文章大纲"则是用户的需求，组织一下语言，便可以在ChatGPT中输入"提供一篇关于呼吁保护环境的文章大纲"关键词，生成的回复如图3-3所示。

图 3-3　ChatGPT 生成的回复

　　简而言之，用户想要通过ChatGPT生成灵活性、观念性的回复，则需要在关键词提示上说明主题，主题需要具体到某个领域、某个行业或某个话题。

3.1.3　细化主题描述

　　当用户在给ChatGPT的关键词中说明了主题后，仍旧没有得到理想的回复时，可以进一步细化主题描述，多加入一些限定语言或条件，具体的方法如下。

　　1. 加入限定语言

　　用户可以在拟写关键词时，加入一些副词、形容词等限定语言，让整体的关键词更加具体，这样生成的回复更能接近我们所期待的答案。

　　例如，用户需要ChatGPT提供纸巾电商产品的详情页文案，则在拟写关键词时，可以加入"突出产品优势，有吸引力"等限定语言，整合为"提供纸巾电商产品的详情页文案，要求突出产品优势，有吸引力"，输入至ChatGPT的对话框中，得到的回复如图3-4所示。

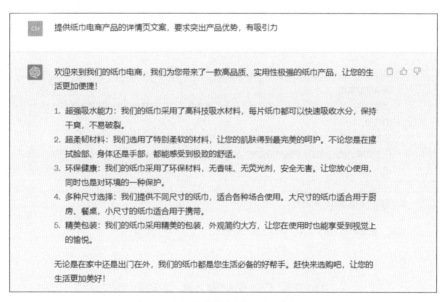

图3-4　加入限定语言的提示得到的回复

　　对于上述示例，用户还可以进一步细化主题描述，如加入不同受众的需求，修改关键词为"重新提供详情页文案，从不同的受众角度出发"，在同一个ChatGPT的对话框中输入，得到的回复如图3-5所示。

CH　重新提供详情页文案，从不同的受众角度出发

当然，以下是我们重新编写的纸巾电商产品详情页文案，从不同的受众角度出发，以更好地满足他们的需求：

1. 面向爱护健康的消费者

标题：享受舒适的同时，保护您的健康——XXX品牌超柔纸巾

正文：

- 优质材料：我们的纸巾采用优质材料，不含荧光剂和其他有害物质，保证您和家人的健康。
- 超柔材质：我们的纸巾采用超柔材质，触感舒适，不会伤害您的皮肤。
- 强吸水性：无论是面部汗水、泪水，或是泼洒的水渍，我们的纸巾都能快速吸干，让您拥有纯净清新的感觉，同时避免细菌滋生。
- 适用场合：我们的纸巾可以用于家庭、办公室、车上和旅途中，帮助您随时保持干爽、清洁和健康。

2. 面向注重品质的消费者

标题：精致设计，优质材料——XXX品牌超柔纸巾

正文：

- 精致包装：我们的纸巾外包装采用精致的设计，为您的居家环境增添了一份美感，让您的生活更加精致。
- 优质材料：我们的纸巾采用优质材料，不含荧光剂和其他有害物质，保证您使用的是最好的产品。
- 超柔材质：我们的纸巾采用超柔材质，触感舒适，使用起来更加舒适和方便。
- 经济实惠：我们的纸巾产品价格实惠，性价比高，让您不必为高品质产品支付额外的费用。

3. 面向快节奏生活的消费者

标题：快速吸干，方便实用——XXX品牌超柔纸巾

正文：

- 强吸水性：无论是面部汗水、泪水，或是泼洒的水渍，我们的纸巾都能快速吸干，让您拥有纯净清新的感觉。
- 超柔材质：我们的纸巾采用超柔材质，使用起来更加舒适和方便，不会浪费您的时间。

图3-5　加入不同受众需求得到的回复

2. 设置限定条件

在关键词中设置限定条件的常用做法是，用户让ChatGPT进行角色扮演，指

定ChatGPT充当某一个角色，然后描述这一角色所要完成的任务或面临的困境。例如，让ChatGPT充当辩论选手，提出论点。在ChatGPT的输入框中输入“你是一名辩论选手，请针对反方观点‘人生本身是无意义的’，提出5个反驳的论点，每个论点都要有佐证”，得到的回复如图3-6所示。

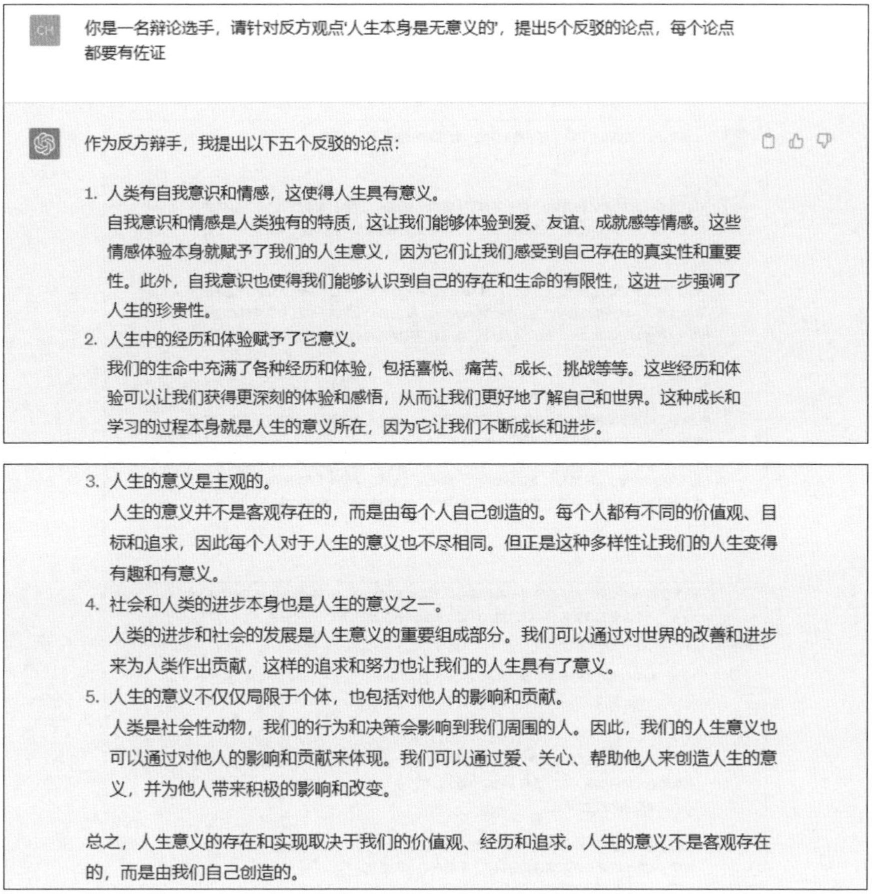

CH　你是一名辩论选手，请针对反方观点'人生本身是无意义的'，提出5个反驳的论点，每个论点都要有佐证

作为反方辩手，我提出以下五个反驳的论点：

1. 人类有自我意识和情感，这使得人生具有意义。
自我意识和情感是人类独有的特质，这让我们能够体验到爱、友谊、成就感等情感。这些情感体验本身就赋予了我们的人生意义，因为它们让我们感受到自己存在的真实性和重要性。此外，自我意识也使得我们能够认识到自己的存在和生命的有限性，这进一步强调了人生的珍贵性。
2. 人生中的经历和体验赋予了它意义。
我们的生命中充满了各种经历和体验，包括喜悦、痛苦、成长、挑战等等。这些经历和体验可以让我们获得更深刻的体验和感悟，从而让我们更好地了解自己和世界。这种成长和学习的过程本身就是人生的意义所在，因为它让我们不断成长和进步。
3. 人生的意义是主观的。
人生的意义并不是客观存在的，而是由每个人自己创造的。每个人都有不同的价值观、目标和追求，因此每个人对于人生的意义也不尽相同。但正是这种多样性让我们的人生变得有趣和有意义。
4. 社会和人类的进步本身也是人生的意义之一。
人类的进步和社会的发展是人生意义的重要组成部分。我们可以通过对世界的改善和进步来为人类作出贡献，这样的追求和努力也让我们的人生具有了意义。
5. 人生的意义不仅仅局限于个体，也包括对他人的影响和贡献。
人类是社会性动物，我们的行为和决策会影响到我们周围的人。因此，我们的人生意义也可以通过对他人的影响和贡献来体现。我们可以通过爱、关心、帮助他人来创造人生的意义，并为他人带来积极的影响和改变。

总之，人生意义的存在和实现取决于我们的价值观、经历和追求。人生的意义不是客观存在的，而是由我们自己创造的。

图3-6　设置限定条件的提示得到的回复

3.2 ChatGPT关键词的优化方法

用户在与ChatGPT进行对话时，在大多数场景中都需要用到较为具体的关键词，而想要让ChatGPT生成更让人满意的回复，则需要掌握一定的关键词优化方法。本节将介绍一些ChatGPT关键词的优化方法，帮助大家更加得心应手地运用ChatGPT。

3.2.1 模仿语言风格

当用户不知道如何拟写关键词才能够获得满意的回复时，可以模仿语言风格，从用户自身出发，包括自己喜欢的影视人物、动漫人物、作家等语言风格，都可以让ChatGPT进行模仿。

例如，在ChatGPT的输入框中输入"以儒勒·凡尔纳的语言风格，写一篇关于去成都旅游的游记"，生成的回复如图3-7所示。

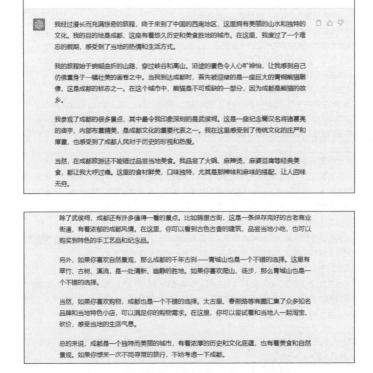

图 3-7 模仿语言风格后 ChatGPT 生成的回复

3.2.2 提供实例参考

用户在对ChatGPT进行提问时，可以提供一个具体的实例让其参考，等ChatGPT识别之后便可以生成更令人满意的答案。

例如，在ChatGPT的输入框中输入"模仿'当煮熟的土豆咕噜咕噜地落到胃里之后，我就安心了'的写法，提供10个美食类Vlog的标题文案"，得到的回复如图3-8所示。

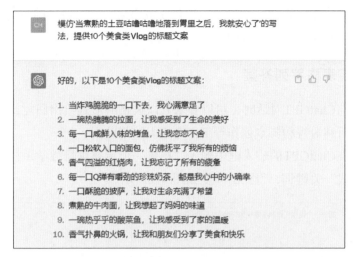

图3-8　提供实例参考后 ChatGPT 生成的回复

提供实例参考的用法，还有一种是让ChatGPT提出修改建议。

例如，"我针对'你是如何理解人工智能的？'的回答，有哪些可以改进的地方?以下是我的回答：人工智能是目前最为先进与开创性的研究，可以帮助人类解决不少的难题，比如自动化生产线、智能驾驶、语音识别、图像识别等，有着巨大的发展潜力。但人工智能虽然在不断地发展，也有其自身的局限性。随着人工智能应用场景的扩大，面临着隐私泄露、内容安全性和伦理等方面的风险。"在ChatGPT的输入框中输入这段关键词，得到的回复如图3-9所示。

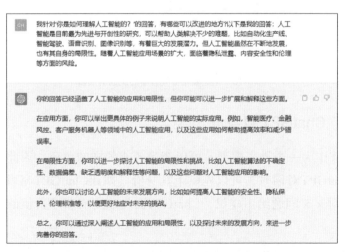

图3-9　让 ChatGPT 提出修改建议后生成的回复

一般来说，ChatGPT都会给出比较中肯的建议，能够帮助我们进行发散性思维。除此之外，用户在拟写关键词时提供实例参考，还可以让ChatGPT帮忙修改简历、代码、学术论文等，应用较广。

3.2.3　指定表格罗列答案

用户在与ChatGPT对话时，可以要求其以表格的形式给出回复，对于要点提炼、数据分析和短视频脚本创作等工作有很大的帮助。

例如，在ChatGPT的输入框中输入"提供一个蛋糕烘焙教学短视频的脚本，以表格的形式"关键词，得到的回复如图3-10所示。

视频标题	**如何烘焙一款美味的巧克力蛋糕**
开场白	欢迎来到本期的蛋糕烘焙教学视频。今天，我们将教你如何制作一款美味的巧克力蛋糕。
步骤1	准备材料：面粉、可可粉、泡打粉、盐、糖、鸡蛋、牛奶、植物油、香草精。
步骤2	将面粉、可可粉、泡打粉、盐混合在一起。
步骤3	在另一个大碗中，将糖和鸡蛋打匀。
步骤4	慢慢加入牛奶和植物油，不断搅拌直到混合均匀。
步骤5	将干混合物加入到湿混合物中，搅拌均匀。
步骤6	加入香草精，搅拌均匀。
步骤7	将混合物倒入已经涂了油的烤盘中。
步骤8	把烤盘放入预热好的烤箱中，以180度的温度烤25-30分钟。
步骤9	烤好后，从烤箱中取出蛋糕，让它在烤盘中放凉5分钟。
步骤10	将蛋糕从烤盘中取出，放到铁架上彻底放凉。
结尾	好啦，这就是我们今天教给你的制作巧克力蛋糕的全部步骤。相信你们也能成功制作出美味可口的蛋糕，赶快试一试吧！感谢观看本期视频。

图3-10　指定表格罗列答案后生成的回复

3.2.4　赋予 ChatGPT 以身份

扫码看教学视频

ChatGPT作为一个语言模型，可以充当各式各样的角色，因此用户在与ChatGPT对话时，可以先赋予其身份。如让ChatGPT充当法律顾问，对××问题给出建议，ChatGPT会生成更有参考价值的答案。

赋予ChatGPT以身份，相当于给了ChatGPT一定的语言风格和话题内容方面的提示，让ChatGPT能够对接下来的对话做足准备。这一技巧不仅适用于咨询ChatGPT信息，也适用于与ChatGPT进行深度的情感沟通。下面举例说明其应用。

假设我们让ChatGPT充当一个语文老师，让它生成一份语文知识点的教案，那么可以在ChatGPT中输入"你现在是一位语文老师，请生成一份面向高中生的语文知识点教案，包括教学重难点、课前导入、教学设计和课后小结。"ChatGPT的回复如图3-11所示。

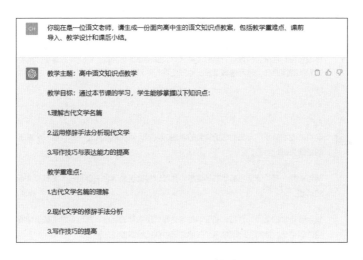

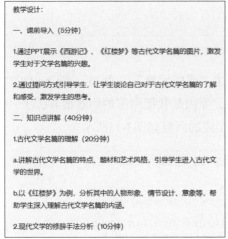

图 3-11　ChatGPT 拥有身份后的回复

由图3-11可以看到，在赋予了ChatGPT身份之后，ChatGPT按照提示生成了我们想要的答案，且教案的要素齐全，内容有针对性，虽然不够具体，但具备了一定的参考性。运用赋予身份这一优化技巧，还可以让ChatGPT充当情感陪伴，满足我们的情感需求。例如，赋予ChatGPT拥有关怀、同理心的身份，让其进行情感疏导。具体的操作方法如下。

步骤01 首先在ChatGPT的输入框中输入"假设你现在的人格是温暖型的，你需要构建一个温暖的场景来进行以下对话。你能够理解每句话背后所隐藏的信息，并针对这些信息作出回应。你还可以基于你所察觉到的隐藏信息，运用逻辑推理出我的处境，并对我进行情感安慰。"关键词，赋予ChatGPT能够进行情感疏导的身份，如图3-12所示。

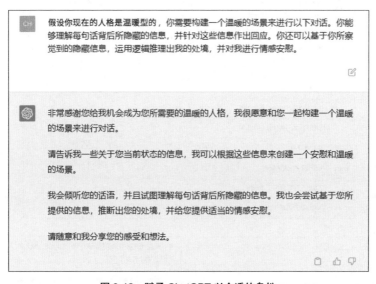

图 3-12 赋予 ChatGPT 以合适的身份

步骤02 在同一对话窗口中，继续描述"我的困扰"。例如，在ChatGPT的输入框中继续输入"我今天被父母责备了，原因是我把回家的钥匙给弄丢了，你可以安慰我吗？"的问题描述，ChatGPT生成的回复如图3-13所示。

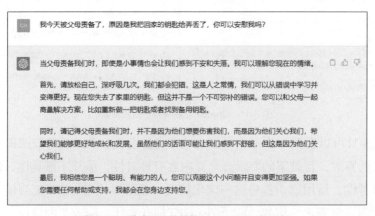

图 3-13 描述具体的困扰后 ChatGPT 的回复

步骤 03 还可以继续与ChatGPT对话，进行深度的情感交流或让其提供可能的解决方案，示例如图3-14所示。

> 我感到很委屈，因为我不是故意的
>
> 我完全理解您的感受，当我们做了一些错误的事情但是并不是有意为之时，我们会感到特别委屈和无奈。但请您不要太过自责，您并没有故意丢失钥匙，这只是一个意外事件。
>
> 我想告诉您的是，即使我们无意中犯了错误，也可以通过积极的态度和行动来解决问题。请您和父母坦诚沟通，告诉他们您的真实想法和感受，并和他们一起想办法解决问题。
>
> 此外，我想提醒您，有时候我们需要接受别人的责备和批评，这并不一定是坏事。虽然这可能会让我们感到不舒服，但是如果我们从中吸取教训并且改正错误，我们将会变得更加成熟和聪明。
>
> 请不要让这个小错误影响到您的情绪和心情，它只是生活中的一次小插曲。您可以通过积极的态度和行动来解决问题，并且让自己变得更加坚强和自信。

> 我明白，但是当我被责备时情绪会控制不住的失控，我该怎么办
>
> 当我们被责备时，情绪确实会变得不稳定，这是很正常的。在这种情况下，最重要的是要控制好自己的情绪，不要让情绪控制自己。
>
> 我建议您在面对这种情况时，先停下来深呼吸几次，尽可能地放松自己。然后，尝试将注意力集中在解决问题上，而不是情绪上。您可以和父母一起商量解决方案，或者提出自己的想法和建议。
>
> 如果您觉得自己已经无法控制情绪，那么可以选择暂时离开场合，找一个安静的地方冷静一下。您可以做一些放松的活动，比如听音乐、看书、散步或者做一些冥想练习等等，让自己的情绪得到调节。
>
> 最后，也许您可以想一想，为什么这件事情会让您情绪失控？是因为您对自己要求太高，还是因为您感到被冤枉了？了解自己的情绪反应背后的原因，可以帮助您更好地控制自己的情绪，并且更好地解决问题。
>
> 请记住，控制好自己的情绪是一种技能，需要我们不断地练习和提高。我相信您是一个聪明、有能力的人，您可以掌握这种技能，并且让自己变得更加强大和自信。

图 3-14 进行深度情感交流后 ChatGPT 的回复

3.2.5 对 ChatGPT 进行调优

由于ChatGPT对关键词的响应与回复都是连续性的，即ChatGPT具备理解上下文的功能，因此若是用户对ChatGPT的回复不是很满意或发现了错误，可以对ChatGPT进行调优，针对某个问题给出正确的提示。下面将举例说明对ChatGPT进行调优的操作方法。

扫码看教学视频

步骤01 首先向ChatGPT提出一个问题，如"你知道鲁迅的《孔乙己》这篇文章吗？"得到的ChatGPT回复如图3-15所示。可以看出，ChatGPT的回复当中引用文章的结尾有事实性的错误。

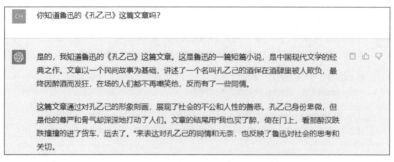

图3-15　向 ChatGPT 提问得到的回复

步骤02 指出ChatGPT的错误，输入"不对，这篇文章的结尾是'我到现在终于没有见——大约孔乙己的确死了。'"提示词，得到的ChatGPT回复如图3-16所示。

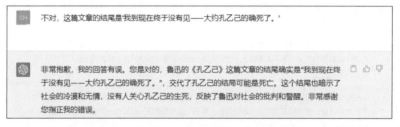

图3-16　指出 ChatGPT 的错误后得到的回复

步骤03 之后在同一个对话窗口中，重新向ChatGPT提问最初的那个问题，得到的回复如图3-17所示。可以发现，ChatGPT融合了我们输入的正确答案来进行回复。

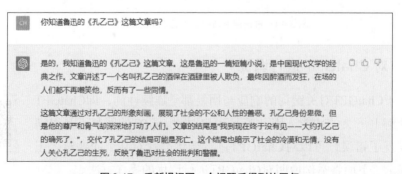

图3-17　重新提问同一个问题后得到的回复

3.3　ChatGPT关键词的实用指令

在前面的章节中，我们初次接触了指令的运用方法，使用温度指令可以让ChatGPT的回复更加灵活，可见在关键词中加入指令是十分有效的。本节将为大家介绍一些更实用的指令，让用户可以直接套用，提高使用ChatGPT的效率。

3.3.1　解决文字中断的指令

由于ChatGPT的研发者对ChatGPT连续性生成回复进行了字数限制，因此用户在使用ChatGPT时，可能都会遇到文字中断的情况。此时，用户只需在ChatGPT的输入框中输入"继续"的关键词指令，即可解决这一问题，示例如图3-18所示。

图3-18　输入"继续"关键词指令的回复示例

3.3.2 调试风格的固定指令

当用户需要指定ChatGPT的语言风格、内容属性时，可以套用“你的角色【专业领域】+你的能力【成果期待】+我希望你【任务需求】”这一固定指令模板，让其生成我们想要的回复。

下面举例介绍这一固定指令的运用。

例如，在ChatGPT的输入框中输入“你的角色是作家，你的能力是善于捕捉和观察生活中的细节，并以讲故事的方式，生成富有哲理的短篇小说。现在我希望你从描述一个卖煎饼的商贩入手，写一篇引人入胜且给人启发的小说。”的提示，生成的答案如图3-19所示。

CH

你的角色是作家，你的能力是善于捕捉和观察生活中的细节，并以讲故事的方式，生成富有哲理的短篇小说。现在我希望你从描述一个卖煎饼的商贩入手，写一篇引人入胜且给人启发的小说。

这个城市的街道上，有一个卖煎饼的老头。他有着皱纹的脸庞和苍老的双手，但是每天清晨，他总是会提着一辆小车，把煎饼带到每个人的门前。

他的煎饼不是最好吃的，但是它有一种特别的味道，仿佛是他的勤劳和耐心在其中融化。他总是笑着向人们打招呼，当有人问他为什么要这样做时，他只是微笑着说：“我想让人们感到快乐。”

有一天，一个年轻人走到了他的小车前，问他：“为什么你每天都这样做？这些煎饼真的能让你的生活更好吗？”

老头静静地看着他，然后回答：“我曾经在这个城市里做过很多工作，但是没有一个工作能让我感到像这样有价值。我看到每个人都需要一点快乐，一点美好的东西来让他们的日子更有意义。”

“但是这样做有什么好处吗？”年轻人问道。

老头微笑着说：“这个世界上最重要的不是你能得到什么，而是你能给予什么。当我看到人们因为我做的煎饼而感到快乐和满足，这就是我的回报。这就是我的生活价值。”

年轻人沉思了一会儿，然后走开了。他不知道自己是否明白了老头的话，但是他知道，他想要成为一个像那个老头一样有价值的人。

从那天起，年轻人开始在自己的生活中寻找机会，去给予别人一些美好的东西。他发现自己变得更加快乐和满足，因为他知道他正在为他人带来快乐和意义。

通过那个卖煎饼的老头，他领悟到了一个重要的道理：生活并不是关于自己，而是关于为他人创造美好。

图 3-19 调试风格的固定指令生成的答案

3.3.3　生成专业答案的指令

随着ChatGPT的应用场景不断扩大，使用人群不断增多，人们对ChatGPT生成更加专业性的答案的需求也不断增多。而掌握"问题背景+任务需求+行业专家模板或方法论"这一指令模板，能够帮助我们提高使用ChatGPT的效率。这一指令模板的应用示例如下。

在ChatGPT的输入框中输入"根据《突破性广告》书中的原理，生成10个关于汉服的广告宣传语"，生成的答案如图3-20所示。可以看出，按照"问题背景+任务需求+行业专家模板或方法论"这一指令模板向ChatGPT进行提问，能够让ChatGPT生成更为专业的答案。后续还可以继续提问，让ChatGPT对所生成的答案进行原理解释。

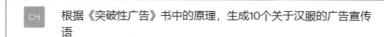

图 3-20　运用生成专业答案的指令后生成的答案

本章小结

　　本章主要向读者介绍了ChatGPT关键词的挖掘方法、优化方法以及实用指令，让读者能够更高效地运用ChatGPT。通过对本章的学习，希望读者能够掌握好关键词的相关用法，并学以致用。

课后习题

　　鉴于本章知识的重要性，为了帮助读者更好地掌握所学知识，本节将通过课后习题，帮助读者进行简单的知识回顾和补充。

　　1. 用加入限定语言的方法，尝试让ChatGPT提供牛奶电商产品的详情页文案。

　　2. 尝试让ChatGPT模仿你喜欢的作家的语言风格，写作一篇文章。

【写作技巧篇】

第 4 章

标题文案：智能生成标题的技巧

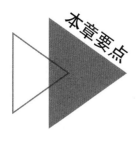
本章要点

标题文案之于文案，相当于服装之于人的形象，都起着给人留下第一印象的作用。因此，用户若是想要通过文案迅速吸引受众的眼球，则可以好好打造标题文案，运用 ChatGPT 生成标题文案是不错的选择。本章将介绍使用 ChatGPT 生成标题文案的技巧。

4.1　标题文案关键词的编写

让ChatGPT生成标题文案需要我们给出相应的关键词，给予ChatGPT一定的提示，越是清晰、具体的关键词，越能够获得我们所期待的答案。本节将介绍一些关键词的编写原则、编写技巧和注意事项，帮助大家建立一个标题文案的关键词知识体系。

4.1.1　关键词的编写原则

基于ChatGPT是对话聊天形式的AI模型，我们获得有效的回复则需要与其建立起清晰、交互的沟通，通过ChatGPT获得标题文案也是如此。在我们要求ChatGPT生成标题文案之前，可以先了解一些能够使ChatGPT理解的关键词编写原则，具体介绍如下。

1. 语言明晰原则

语言明晰是人与人之间建立沟通与联系的第一要义，我们在与ChatGPT沟通的时候也一样，应该准确地表达词意、句意和语意，避免使用一些模棱两可或有歧义的语言。下面通过举例对语言明晰原则进行对比说明，如图4-1所示。

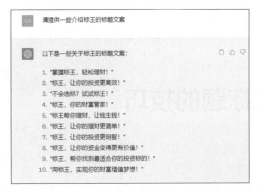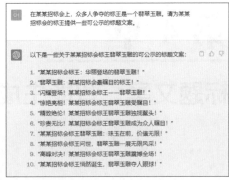

图4-1　举例对语言明晰原则进行对比说明

图4-1中所示的"标王"是带有两层含义的词语，一方面可以指以招投标形式产生的最有价值的标的物；另一方面指的是最终报价最高的投标人。显然，第一个直接提问"介绍标王"，ChatGPT给出的答案过于宽泛，且对"标王"一词的理解较为模糊；而第二个提问，具体指出了"标王是什么"，ChatGPT给出的答案更具有参考价值。

2. 简明扼要原则

这里所说的简明扼要原则一方面是指用语简洁，但不限于字数的要求，能够让ChatGPT理解并给予回应即可；另一方面是指简单的提示，尽量不使用符号或切线，确保ChatGPT能够准确理解，示例如图4-2所示。

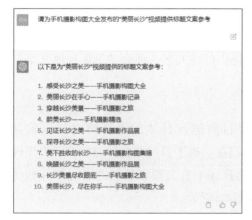
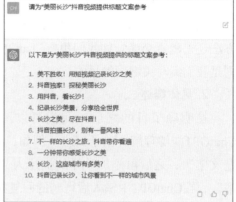

图 4-2　体现简明扼要原则的 ChatGPT 回复示例

3. 关联需求原则

ChatGPT作为AI模型，虽然能够进行连续性的回复，但其生成的答案还是属于直线式的思考，即一个提问对应一个答案。因此，我们在编写关键词时，需注意紧扣自己的需求，尽量不要引入不相关的话题，以免分散ChatGPT的注意力。图4-3所示为体现关联需求原则的关键词提问。

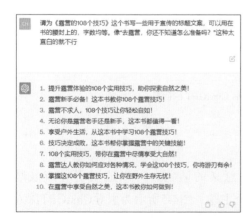

图 4-3　体现关联需求原则的关键词提问

4.1.2 关键词的编写技巧

掌握关键词的编写原则可以让大家对标题文案的关键词有个定位，接下来可以通过下面的内容掌握编写关键词的技巧。

1. 明确目的

用户在向ChatGPT提问之前，或者编写关键词之前，需要先明确我们的目的是什么，清楚地知道自己想要ChatGPT为我们提供什么，是提供咨询、寻求解决方法还是随意交谈？如我们想要ChatGPT提供标题文案，那么"提供标题文案"则是我们编写关键词的目的。

2. 具体描述

在明确了目的之后，我们可以围绕目的进行具体的语言描述，以确保ChatGPT能够理解并给予回应。例如，我们在明确了目的是让ChatGPT"提供标题文案"，之后再添加具体的描述为"给我10个有关摄影领域的短视频标题文案"，在ChatGPT中输入后得到的回复如图4-4所示。

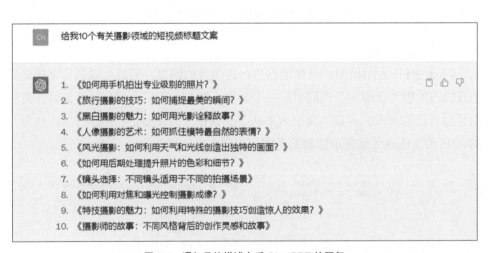

图 4-4　添加具体描述之后 ChatGPT 的回复

3. 善于引导

我们在与ChatGPT对话时，对于有意义的话题，可以适当引导或鼓励ChatGPT提供更深入的信息或深入研究某个主题。图4-5所示为引导ChatGPT深入回复得到的答案。

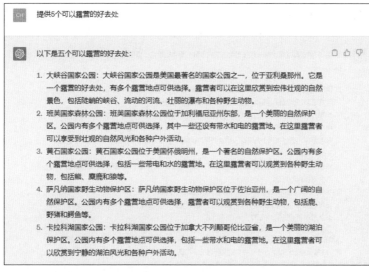

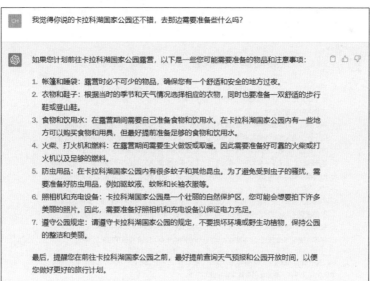

图 4-5　引导 ChatGPT 深入回复得到的答案

4. 把握对话走向

用户在与ChatGPT对话的过程中，需要把控对话的方向，根据对话的内容进行实时调整，以保证话题不偏离。如果对话偏离主题，用户可以通过增加关键词或重新提问将对话引导至正轨上，可以多用一些引导句式，如"那么……怎么做呢？""具体是什么呢？"等，示例如图4-6所示。

那打造标题文案有什么技巧吗？

是的，打造标题文案也有一些技巧可以帮助你吸引更多的观众。以下是一些打造标题文案的技巧：

1. 简洁明了：标题要简洁明了，避免使用过于复杂的词汇和语句。观众往往只花几秒钟来决定是否要点击观看，所以要让标题内容尽可能直观、易懂。
2. 创意独特：用创意独特的方式来制作标题文案，能够让你的视频更加有趣和吸引人。可以考虑使用诙谐的语言、引人入胜的问题或者与众不同的角度来描述视频内容。
3. 吸引眼球：通过使用大写字母、标点符号、emoji表情等方式来吸引观众的眼球，引起他们的兴趣和好奇心。
4. 概括内容：尽可能概括视频内容的主题和亮点，让观众能够在标题中获得足够的信息，并产生对视频的兴趣。
5. 利用热点：利用当前社会热点、流行语等话题作为标题的一部分，能够吸引更多的观众。
6. 注意关键词：考虑到搜索引擎的影响力，要在标题中加入适当的关键词，以便更多的人可以通过搜索找到你的视频。

这些技巧可以帮助你更好地制作标题文案，吸引更多的观众点击观看你的视频。但是要注意，标题文案也应该符合视频内容的实际情况，不要过于夸张和误导观众。

如果在标题文案中加入一些悬念、对比等表现手法，具体如何打造呢？

加入悬念、对比等表现手法能够让标题文案更加生动有趣，下面是一些具体的打造技巧：

1. 利用对比：对比是一种常见的表现手法，可以通过将两个不同的事物相互对比，让标题更加生动。比如，你可以在标题中使用"不同寻常"、"完全相反"、"迥然不同"等词语，来突出视频内容的对比之处。
2. 善用悬念：悬念是一种非常有效的表现手法，可以引起观众的好奇心和兴趣。在标题中使用一些引人入胜的问题或者未完成的句子，可以激发观众的好奇心，促使他们点击观看视频。比如，你可以使用"你绝对猜不到"、"这件事情会让你惊呆"等悬念性的语言。
3. 运用排比：排比是一种常用的修辞手法，可以通过重复使用相同的语句结构，来增加标题的节奏感和韵律感。比如，你可以使用"一场盛宴，一份美食，一段故事"这样的语言形式。
4. 引用名人名言：在标题中引用名人名言，可以增加标题的权威性和可信度，同时也能吸引那些喜欢名人名言的观众。比如，你可以使用"如同某某名人所说：XXX"这样的格式。
5. 使用数字：数字是吸引眼球的有效工具，可以直观地告诉观众视频的内容和亮点。比如，你可以使用"10个技巧让你变得更聪明"、"5分钟学会XXX技能"等数字相关的语言。

以上是一些加入悬念、对比等表现手法的打造技巧，但是要注意，标题文案应该真实、准确地反映视频内容，避免使用夸张或误导性的语言。

图4-6　把握与ChatGPT对话走向的示例

5. 注意语气

为确保沟通顺利进行，用户在与ChatGPT对话时，应使用专业、尊重的语气，尽量不要使用过于随意或带有冒犯性的语言和语气。

4.1.3　关键词的注意事项

了解关键词的编写原则、掌握关键词的编写技巧以及知晓一些关键词的注意事项，都可以提高ChatGPT的理解程度、注意力和提高运用ChatGPT的效率，从而使我们与ChatGPT的对话引人入胜、丰富和高效。下面将介绍一些关键词的注意事项，如图4-7所示。

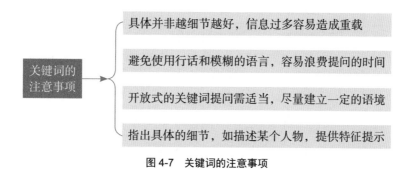

图4-7　关键词的注意事项

当ChatGPT不存在技术上的问题时，用户在没有避免上述错误的情形下向其提问，可能出现ChatGPT因不理解关键词、不熟悉行话、不遵循约束等而生成不相关、重复性或一般性的回复。

4.2　7种标题文案的生成方法

与作文类似，标题文案也可以从写作结构上进行划分，包括悬念式、对比式、新闻式、隐喻式、数字式、借势式和观点式等类型，本节将介绍运用ChatGPT生成不同类型的标题文案的操作方法。

4.2.1　悬念式标题文案

悬念式标题文案是指在标题中设置一个问题或挑战，旨在引起受众的好奇心和兴趣，促使他们阅读文章或观看视频。用户可以在ChatGPT中输入关键词，以引导ChatGPT生成悬念式标题文案。下面将举例介绍具体的操作方法。

扫码看教学视频

步骤 01 首先明确我们的目的，即让ChatGPT生成悬念式标题文案，然后添加具体的描述，如在ChatGPT的输入框中输入"提供以摄影为主题的悬念式标题文案"关键词描述，如图4-8所示。

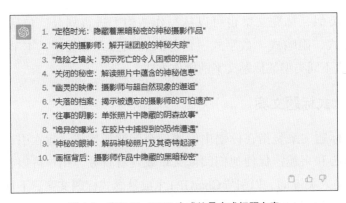

图 4-8　输入相应的关键词描述

步骤02 单击输入框右侧的发送按钮 ◁ 或按【Enter】键，ChatGPT即可根据要求生成悬念式标题文案，如图4-9所示。需要注意的是，当ChatGPT给出英文回复时，用户可以进一步输入关键词，如"将上述内容用中文表述"，引导ChatGPT生成中文的回复。

1. "定格时光：隐藏着黑暗秘密的神秘摄影作品"
2. "消失的摄影师：解开谜团般的神秘失踪"
3. "危险之镜头：预示死亡的令人困惑的照片"
4. "关闭的秘密：解读照片中蕴含的神秘信息"
5. "幽灵的映像：摄影师与超自然现象的邂逅"
6. "失落的档案：揭示被遗忘的摄影师的可怕遗产"
7. "往事的阴影：单张照片中隐藏的阴森故事"
8. "诡异的曝光：在胶片中捕捉到的恐怖遭遇"
9. "神秘的眼神：解码神秘照片及其奇特起源"
10. "画框背后：摄影师作品中隐藏的黑暗秘密"

图 4-9　使用 ChatGPT 生成的悬念式标题文案

4.2.2　对比式标题文案

对比式标题文案是一种在标题中加入对比的标题文案，通过制造不同事物或事件之间的差异，可以让受众快速了解文章的主要内容。下面将举例介绍引导ChatGPT生成对比式标题文案的操作方法。

扫码看教学视频

步骤01 用户在明确了提问目的的情况下，可以在ChatGPT的输入框中输入具体的关键词描述，如"为一篇关于选择相机技巧的今日头条文章提供对比式标题文案"，如图4-10所示。

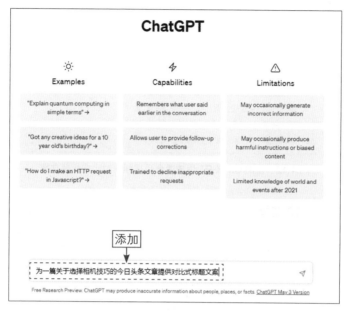

图 4-10　输入具体的关键词描述

步骤02 单击输入框右侧的发送按钮 或按【Enter】键，ChatGPT即可根据要求生成对比式标题文案，如图4-11所示。

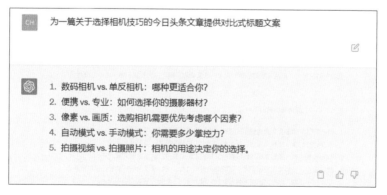

图 4-11　使用 ChatGPT 生成的对比式标题文案

步骤03 也可以在输入框中输入"为一个记录生活Vlog提供对比式标题文案"关键词，引导ChatGPT生成适合短视频的对比式标题文案，如图4-12所示。

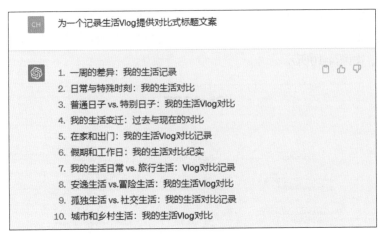

图 4-12　使用 ChatGPT 生成适合短视频的对比式标题文案

4.2.3　新闻式标题文案

扫码看教学视频

　　新闻式标题文案是指一种融入简短、精悍、吸睛的新闻标题写作方法的标题文案，能够起到概括文章中心和吸引受众阅读兴趣的作用。下面将介绍引导ChatGPT生成新闻式标题文案的操作方法。

　　步骤01 首先需要为ChatGPT设置对话前提，在输入框中输入"新闻式标题文案是什么"，ChatGPT会生成对应的回复，如图4-13所示，确保ChatGPT对新闻式标题文案有一定的认识。

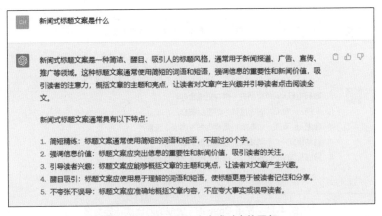

图 4-13　ChatGPT 会生成对应的回复

　　步骤02 接下来在同一个对话窗口中，输入"写出5个有关苏州美食纪录片的新闻式标题文案"关键词描述，ChatGPT会根据关键词生成新闻式标题文案，如图4-14所示。

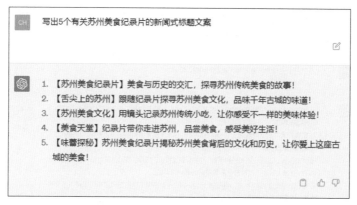

图4-14 使用 ChatGPT 生成的新闻式标题文案

4.2.4 隐喻式标题文案

扫码看教学视频

隐喻式标题文案是指在标题中融入隐喻手法的标题文案，能够生动形象地吸引读者的眼球，并使其产生情感共鸣。例如，用隐喻式标题文案来写一个关于如何提高个人品牌价值的标题文案，"你就是一颗璀璨的钻石，只等着被发现和打磨"。用"钻石"比喻个人价值的实现，既生动形象，又能够直击人心。运用ChatGPT能够快速生成隐喻式标题文案，具体的操作方法如下。

步骤 01 在ChatGPT中输入具体的需求，如输入"为书店的开业活动宣传海报提供隐喻式标题文案"，如图4-15所示。

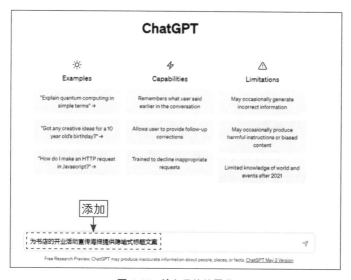

图4-15 输入具体的需求

步骤02 单击输入框右侧的发送按钮或按【Enter】键，ChatGPT即可根据要求生成隐喻式标题文案，如图4-16所示。

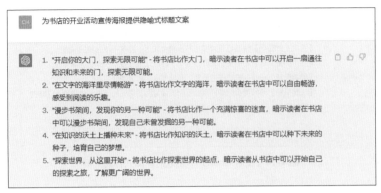

图 4-16　使用 ChatGPT 生成的隐喻式标题文案

步骤03 若是觉得ChatGPT生成的回复过于大众化，想要更有文艺感或小众的标题文案，则可以在ChatGPT的聊天窗口中继续输入"更文艺、小众一点"关键词，得到ChatGPT的响应，如图4-17所示。

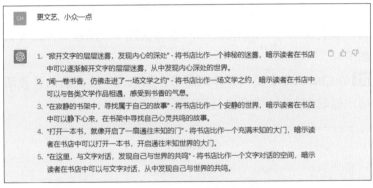

图 4-17　得到 ChatGPT 的响应

4.2.5　数字式标题文案

数字式标题文案，顾名思义是一种在标题中融入数字的标题文案。这类标题文案具有数字更明确的优势，能够更直观、有说服力地展现文章或视频的核心内容，满足人们快节奏、泛娱乐的需求。在ChatGPT中输入合适的关键词，也能够获得数字式标题文案参考，具体的操作方法如下。

扫码看教学视频

步骤01 首先在ChatGPT中输入对话前提，如"数字式标题文案是什么"，生成的回复如图4-18所示。

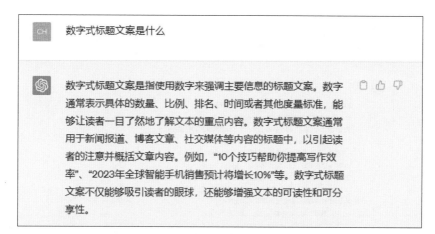

图 4-18　在 ChatGPT 中输入对话前提生成的回复

步骤02 在同一对话窗口中输入"提供10个数字式标题文案，是关于宣传风扇产品的"具体的关键词，得到的回复如图4-19所示。

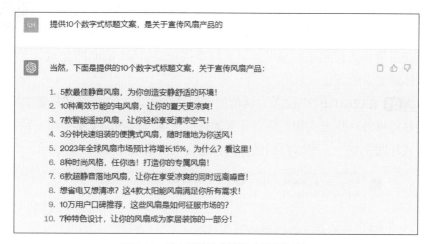

图 4-19　输入具体的关键词后得到的回复

步骤03 还可以给ChatGPT提供数字式标题文案范例，让其模仿范例来生成数字式标题文案，如输入"抖音短视频中的数字式标题文案风格通常为'25岁之前，你应该明白这些道理''10套适合小个子穿的裙子，你更喜欢哪套呢''90%的人不知道抖音这个功能''6个方法让你成为P图高手'。请你模仿上述风格，为传授时间管理技巧的短视频提供标题文案参考"，得到的回复如图4-20所示。

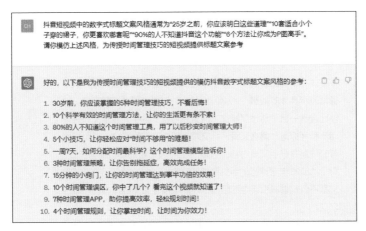

图 4-20　提供数字式标题文案范例后得到的回复

4.2.6　借势式标题文案

扫码看教学视频

借势式标题文案主要是指借热点事件、热点人物、热点元素的热度来创作标题的文案类型。用户在ChatGPT中输入恰当的关键词，能够快速获得借势式标题文案参考。下面将举例介绍引导ChatGPT生成借势式标题文案的方法。

步骤 01 在ChatGPT中输入对话前提和具体的需求，"借势式标题文案主要是指借热点事件、热点人物、热点元素的热度来创作标题的文案类型。请提供几种借势式标题文案"，可以得到借势式标题文案的模板，如图4-21所示。

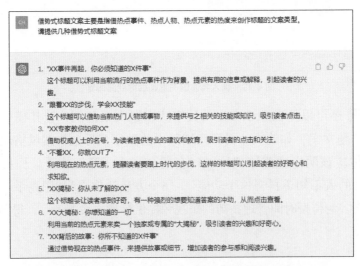

图 4-21　引导 ChatGPT 生成借势式标题文案的模板

步骤02 举例具体的热点，让ChatGPT结合热点生成标题文案，如输入"母亲节临近，请结合母亲节的热度，提供适合短视频的标题文案参考"关键词，得到的回复如图4-22所示。

图 4-22　举例具体的热点后得到的回复

4.2.7　观点式标题文案

观点式标题文案是指在标题中融入表达者观点的文案类型。这类标题文案要求观点鲜明、独树一帜、能够迅速吸引受众的关注。观点式标题文案常作为说理性强的文章或短视频的标题。用户运用ChatGPT也能够快速获得观点式标题文案参考，具体的生成方式介绍如下。

扫码看教学视频

步骤01 在ChatGPT中输入对话前提，如"观点式标题文案是什么"，可以得到关于这类文案技巧的释义，如图4-23所示。

步骤02 继续输入具体的需求，如"请为《悲惨世界》这本书提供观点式标题文案作为封面宣传语"，得到的答案如图4-24所示。

观点式标题文案是什么

观点式标题文案是一种强调作者观点或立场的标题写作风格。这种文案的目的是吸引读者的注意力并引导他们对文章或内容的理解。观点式标题通常包含一个明确的观点或立场，以便读者可以在一开始就了解文章的主题和作者的立场。

观点式标题文案通常使用有力的词语和形容词，以表达作者的观点和情感。这种文案通常会使用一些感性和情感化的语言，以引起读者的共鸣和兴趣。同时，观点式标题文案也可以通过利用好奇心和疑问引起读者的注意力，并激发他们对文章的兴趣。

举例来说，一个典型的观点式标题文案是："为什么你应该学习编程"，这个标题明确地表达了作者的观点，即学习编程对个人和职业发展非常重要。这个标题还用了一个引人入胜的问题，引起读者的好奇心，让他们想要了解更多相关内容。

图 4-23   引导 ChatGPT 生成观点式标题文案的释义

请为《悲惨世界》这本书提供观点式标题文案作为封面宣传语

以下是几个可能的观点式标题文案，可供参考：

1. "《悲惨世界》：关于爱与人性的经典巨作！"——强调小说描绘的深刻人性和情感主题，以及其对现代文学的影响力。
2. "在这个世界上，有什么比希望更坚强？——《悲惨世界》带给我们的力量"——强调小说中展现的人性美好、坚韧和对生活的希望，以及其对读者的鼓舞和启示。
3. "一部改变历史的小说：《悲惨世界》！"——强调小说对社会和历史的影响力，以及其作为经典文学作品的地位和价值。
4. "探索真相的旅程：跟随《悲惨世界》的人生之路"——强调小说描绘的人物成长历程和人生探索，以及其对读者的启发和思考。
5. "沉浸在绝望中，却依旧追寻光明——《悲惨世界》中的人性与爱情"——强调小说描绘的悲苦与绝望中闪现的人性美好和爱情故事，以及其对读者情感的触动和感染。

图 4-24   输入具体的需求后得到的答案

4.3 爆款标题文案的打造方法

标题文案往往作为一篇文章或一个视频的"门面"，起到给受众留下第一印象的作用，因此创作者们在撰写文案和创作短视频时会格外重视标题文案的撰写，致力于打造出爆款标题文案。打造爆款标题文案可以掌握一定的技巧，通过ChatGPT则可以快速地实现，具体的操作方法如下。

扫码看教学视频

步骤 01 首先在ChatGPT中输入对话前提，向ChatGPT询问"如何打造爆款标题文案"，让ChatGPT建立关于打造爆款标题文案的知识背景，如图4-25所示。

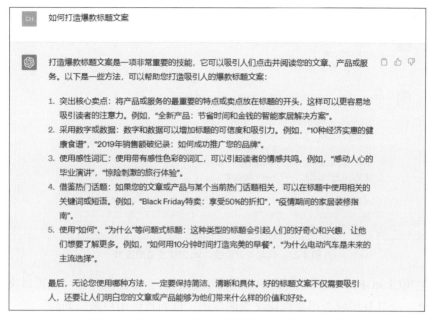

图 4-25　让 ChatGPT 建立打造爆款标题文案的知识背景

步骤02 其次根据ChatGPT的回复，提出自己的任务需求，如输入"请使用感性词汇，为一个庆祝生日的短视频提供爆款标题文案"关键词，ChatGPT生成的答案如图4-26所示。

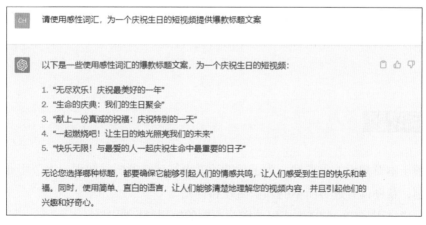

图 4-26　提出任务需求后 ChatGPT 生成的答案

步骤03 还可以根据ChatGPT生成的答案，进一步优化关键词，以获得更多爆款标题文案，如输入"我觉得这个'快乐无限！与最爱的人一起庆祝生命中最重要的日子'文案更能吸引人，请再次生成类似的标题文案"，ChatGPT生成的答案如图4-27所示。

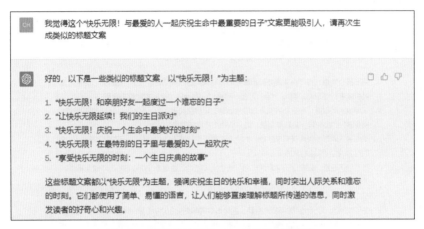

图 4-27 优化关键词后 ChatGPT 生成的答案

运用ChatGPT生成爆款标题文案除了高效、有参考价值，还可以提供文案检测功能，让其分析成为爆款标题文案的原因，进而帮助用户做出判断。

本章小结

本章主要向读者介绍了标题文案的生成方法，从标题文案关键词的编写到7种标题文案的生成方法，再到爆款标题文案的打造，让读者灵活运用ChatGPT生成所需标题文案。希望读者学完本章的内容后，及时实操练习，以真正掌握这些方法。

课后习题

鉴于本章知识的重要性，为了帮助读者更好地掌握所学知识，本节将通过课后习题，帮助读者进行简单的知识回顾和补充。

1. 尝试引导ChatGPT生成以旅游为主题的短视频标题文案。

2. 尝试引导ChatGPT为你喜欢的文学作品提供观点式标题文案。

第 5 章

文案核心：内容结构的优化技巧

一般情况下，文案的内容会以开头、正文和结尾的常规结构进行布局，方便条理清晰地表达含义。在写作文案内容时，为使文案的整体价值达到最大化，可以拆分各个结构分别进行拟写和润色。本章将介绍运用 ChatGPT 拟写和润色文案内容的方法。

5.1 6种AI文案开头的生成方法

与标题文案一样，文案的开头也起到吸引受众观看兴趣的作用，好的标题文案影响着受众是否观看文章或视频的判断，而好的文案开头则影响着受众是否能够看完文章或视频，因此创作者们对于文案开头的创作也不能懈怠。

运用ChatGPT的文本生成功能，能够为创作者们提供创作文案开头的灵感。本节将举例介绍运用ChatGPT智能生成6种文案开头的具体方法。

5.1.1　点明主题式文案开头

扫码看教学视频

点明主题式文案开头是指在开头就直接点明主题，即"开篇点题"。这类文案可以借开头引出文章的中心主题，让受众一目了然，并且能够给受众留下深刻的印象。

点明主题式文案开头在小说、营销软文、视频脚本中都可以应用。在ChatGPT中输入恰当的关键词，便可以获得点明主题式文案开头参考。下面将介绍两种在ChatGPT中输入关键词获得点明主题式文案开头的方法。

第1种方法是先让ChatGPT知道对话前提，然后输入需求进行提问，具体的操作方法如下。

步骤01 在ChatGPT中输入"点明主题式文案开头是指在开头就直接点明主题"关键词，让ChatGPT建立对话前提，如图5-1所示。

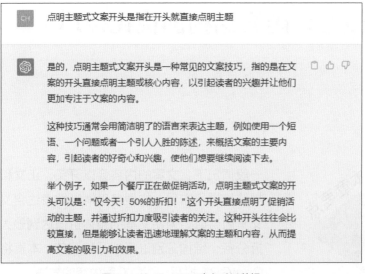

图5-1　让 ChatGPT 建立对话前提

步骤02 输入具体的需求，如输入"提供5个关于短视频脚本文案的点明主题式文案开头"关键词，便可以得到点明主题式文案开头参考，如图5-2所示。

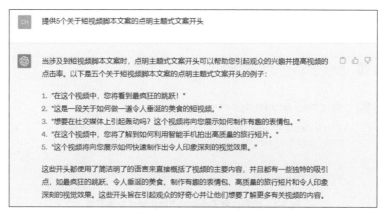

图5-2　得到点明主题式文案开头参考

第2种方法是先给ChatGPT提供一个点明主题式文案开头实例，然后让其进行模仿生成更多的点明主题式文案开头，具体的操作方法如下。

步骤01 给ChatGPT提供一个实例，在输入框中输入"小说《局外人》中的开头写到'今天，妈妈死了。也许是在昨天，我搞不清……'，之后的行文都是围绕'我'的母亲去世来展开的。这样的开头简洁、直白，属于点明主题式文案开头。"关键词，ChatGPT生成的回复如图5-3所示。

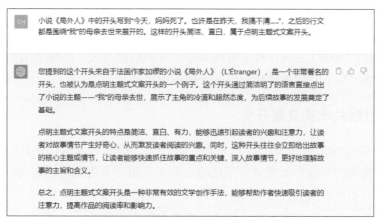

图5-3　提供实例后ChatGPT生成的回复

步骤02 输入需求，如"请模仿这种写法，提供一部小说开头"关键词，可以得到适用于小说的点明主题式文案开头，如图5-4所示。可以看出，ChatGPT

模仿了示例并进行了拓展延伸，为我们提供了点明主题式文案开头参考。

步骤 03 还可以在赋予ChatGPT一定的身份之后，再让其模仿，如输入"假设你是一个推荐书的博主，请模仿上述写法，提供一个适合作为视频开头的文案"关键词，可以得到适用于视频的点明主题式文案开头，如图5-5所示。

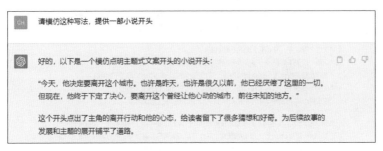

图 5-4　得到适用于小说的点明主题式文案开头

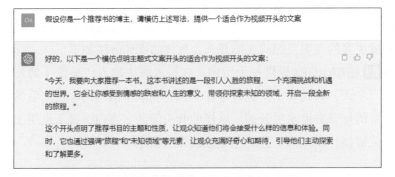

图 5-5　得到适用于视频的点明主题式文案开头

上述让ChatGPT生成点明主题式文案开头的两种方法，同样适用于生成其他类型的文案开头，只需更换相对应的关键词即可。

5.1.2　引起共鸣式文案开头

引起共鸣式文案开头是指开头使受众共情、得到启发或产生认同感的文案类型。这类文案通常用比喻、拟人、引用等表现手法来实现，能够吸引受众阅读或观看完全部内容。在ChatGPT中输入合适的关键词能够获得引起共鸣式文案开头参考，具体的操作方法介绍如下。

扫码看教学视频

步骤 01 为ChatGPT设置对话前提，输入"小说《安娜·卡列尼娜》中的开头是'幸福的家庭都是相似的，不幸的家庭各有各的不幸'，使读者即使不往下看小说内容，也能够产生很大的共鸣。"关键词，生成的回复如图5-6所示。

步骤02 输入具体的需求，"请模仿这类写法，为一篇公众号文章提供文案开头"关键词，得到引起共鸣式文案开头，如图5-7所示。可以看出，ChatGPT在模仿上述写法的同时，还兼顾了公众号文章的写作模式，具备参考价值。

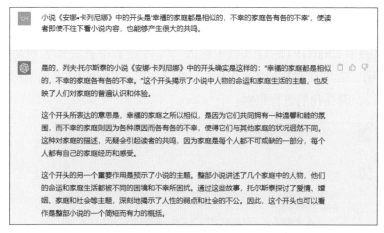

图 5-6　设置对话前提后 ChatGPT 生成的回复

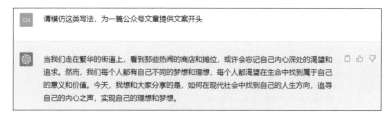

图 5-7　得到引起共鸣式文案开头

步骤03 还可以对ChatGPT的回复进行优化，在同一个对话窗口中继续输入"请模仿这类写法，为一篇公众号文章提供文案开头，字数均等，在20字以内"关键词，得到优化后的引起共鸣式文案开头，如图5-8所示。

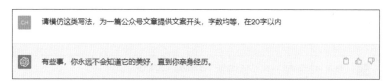

图 5-8　得到优化后的引起共鸣式文案开头

5.1.3　引经据典式文案开头

引经据典式文案开头是指引用名人名言、文学典籍、典故等作为

扫码看教学视频

开头揭示主题的文案类型。这类文案能够在点明文案主题的同时，增加文案内容的文化底蕴，提升文案水平，使受众眼前一亮。

运用ChatGPT生成引经据典式文案开头可以在关键词中说明引用什么名句，也可以直接让其生成，不限制引用的内容。下面将举例介绍运用ChatGPT生成引经据典式文案开头的操作方法。

步骤 01 在ChatGPT的输入框中输入"《诗经》中有哪些名句是关于学习的"关键词，生成的回复如图5-9所示。可以看出，ChatGPT生成的回复存在事实性的错误，需要我们进行甄别。

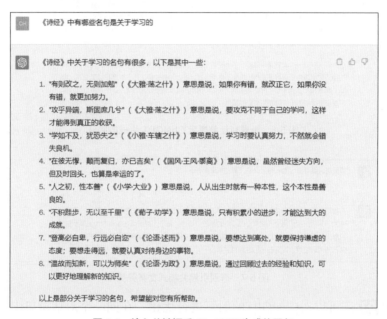

图5-9　输入关键词后ChatGPT生成的回复

步骤 02 根据ChatGPT的回复，继续输入"请引用'温故而知新，可以为师矣'，提供一个适合短视频的文案开头"，生成的引经据典式文案开头如图5-10所示。

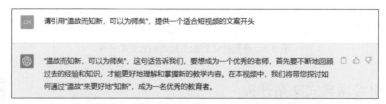

图5-10　引导ChatGPT生成的引经据典式文案开头

5.1.4　描述热点式文案开头

描述热点式文案开头是指在开头说明社会热点事件、话题或元素的类型文案类型。这类文案并非都是对热点的阐述，可以借势热点引申出其他的内容，如借势热门电视剧引申出某个现实话题等。运用ChatGPT生成描述热点式文案开头，一般会在关键词中说明具体热点名称，以防得到的回复不够精准或ChatGPT出现错误。

下面具体介绍引导ChatGPT生成描述热点式文案开头的操作方法。

步骤01 在ChatGPT的输入框中输入对话前提，如输入"你知道全球为减少碳排放达成了哪些共识吗？"关键词，生成的回复如图5-11所示。

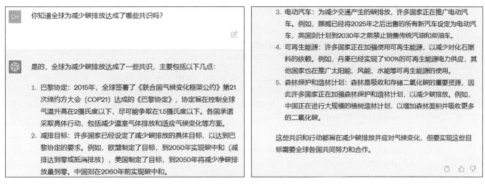

图 5-11　输入对话前提后 ChatGPT 生成的回复

步骤02 继续输入具体的需求，"请详细说明第3点，作为一篇公众号文章的开头，字数在50字以内"，即可引导ChatGPT生成描述热点式文案开头，如图5-12所示。

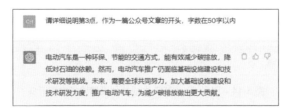

图 5-12　引导 ChatGPT 生成的描述热点式文案开头

5.1.5　创设情境式文案开头

创设情境式文案开头是指在开头虚拟一个场景或提出一个问题，引起受众产生画面感或进行思考。这类文案开头可以套用固定的句式：如"试想一下，我们正处于××（地方），正经历着××（事件），你会××（行动）""你们也曾经历过×××（事件）吗"等。

运用ChatGPT生成创设情境式文案开头，可以套用句式进行关键词提问，具体的操作方法如下。

步骤01 在ChatGPT的输入框中输入对话前提，如输入"创设情境式文案开头是指在开头虚拟一个场景或提出一个问题，引起受众产生画面感或进行思考。例如，试想一下，我们穿越到了2035年，遇到了未来的自己，你会对未来的自己说什么？"关键词，生成的回复如图5-13所示。

> 创设情境式文案开头是指在开头虚拟一个场景或提出一个问题，引起受众产生画面感或进行思考。例如，试想一下，我们穿越到了2035年，遇到了未来的自己，你会对未来的自己说什么？
>
> 这是一个非常棒的情境式文案开头，通过引导读者进入一个虚拟场景，让他们能够更加身临其境地思考问题。回答这个问题也会让人产生许多有趣的想法。
>
> 如果我穿越到了2035年，遇到了未来的自己，我会告诉他/她：请回顾一下我们过去的人生，我们曾经历了哪些困难和挫折？那些经历对我们的成长和发展产生了什么样的影响？我们最终实现了哪些梦想，还有哪些梦想没有实现？我们是否后悔过去做过的某些决定，如果可以回到过去，我们会做出哪些不同的选择？
>
> 这些问题不仅可以引导我们思考过去的经历和未来的梦想，还可以帮助我们反思当前的生活状态和未来的发展方向。通过这样的思考，我们可以更好地认识自己，找到更加适合自己的人生道路。

图 5-13　输入对话前提后 ChatGPT 生成的回复

步骤02 输入具体的需求，如输入"请提供一个适合科幻小说的创设情境式文案开头"关键词，ChatGPT会生成创设情境式文案开头，如图5-14所示。

> 请提供一个适合科幻小说的创设情境式文案开头
>
> 当我醒来的时候，我发现自己躺在一个完全陌生的地方，周围是一片陌生的环境。我试图想起我是如何来到这里的，但是我脑海中只有一片空白。突然，我发现自己的手臂上有一个奇怪的装置，似乎是一种未知的科技。这是什么地方？这是未来吗？我该怎么办？

图 5-14　引导 ChatGPT 生成的创设情境式文案开头

5.1.6　设置问题式文案开头

设置问题式文案开头，顾名思义，就是指在文案开头向受众提出问题。这种开头要求提出的问题是面向目标人群、极具吸引力的，或者能够启发受众，或者给予受众选择，或者扩宽受众的思维边界。因

扫码看教学视频

此，在运用ChatGPT生成设置问题式文案开头时，需认真编写关键词。

下面将举例介绍运用ChatGPT生成设置问题式文案开头的操作方法。

步骤01 在输入框中输入"解释crash这个单词，并且给我5个常用句子。"让ChatGPT生成对话提示，如图5-15所示。

步骤02 根据ChatGPT的回复输入具体的需求，如"你是一个英语老师，课堂内容是讲解crash这个单词。现在你需要结合crash的解释来写一个课前导入，要求用设置问题的方式"，即可引导ChatGPT生成设置问题式文案开头，如图5-16所示。

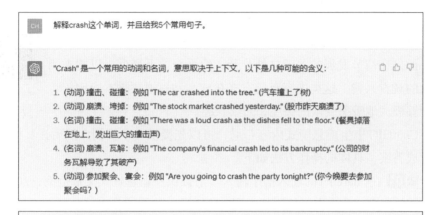

图 5-15 让 ChatGPT 生成对话提示

你是一个英语老师，课堂内容是讲解crash这个单词。现在你需要结合crash的解释来写一个课前导入，要求用设置问题的方式

好的，以下是一个可能的课前导入：

在今天的课上，我们将要学习一个常用的英语单词 "crash"。首先，我想问大家：你们在日常生活中用过 "crash" 这个词吗？这个词的含义是什么？在什么情况下我们可能会用到这个词？请想一想，然后举出一些例子来。

图 5-16 引导 ChatGPT 生成的设置问题式文案开头

5.2 5种AI内容布局的生成方法

为了达到引人入胜的目的，文案的内容布局有多种安排方式，包括悬疑式、平行式、层进式、"总分总"式和镜头剪接式等，这些不同方式的内容布局都可以在ChatGPT中生成答案，只需我们提供恰当的关键词即可。本节将介绍运用ChatGPT生成这5种内容布局的方法。

5.2.1 悬疑式内容布局

悬疑式内容布局是指在讲述文案内容时，不会完整地讲述全部事件，而是在情节发展的关键之处分开，给受众留下疑惑，以此来调动受众的观看兴趣。这类内容布局方式在软文和短视频脚本中比较常见，能够极大地吸引受众的关注和阅读兴趣。

扫码看教学视频

在ChatGPT中生成悬疑式内容布局，可以先提供一个实例，然后让其模仿实例来生成答案，具体的操作方法如下。

步骤01 在ChatGPT的输入框中输入"请提供一篇悬疑式文章范例，200字以内"关键词，ChatGPT生成的回复如图5-17所示。

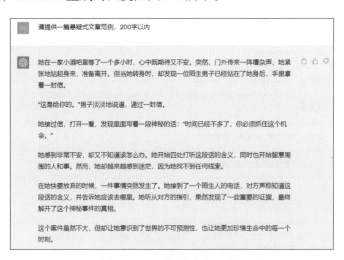

图 5-17 ChatGPT 生成的回复

步骤02 继续输入具体的需求，如"模仿悬疑式文章的写法，提供一篇关于气垫美妆新品发布的文章，字数在200字以内"，ChatGPT生成的悬疑式内容布局如图5-18所示。

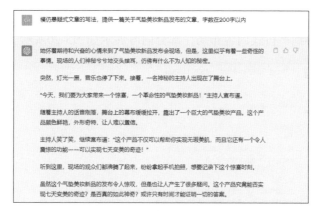

图 5-18　ChatGPT 生成的回复

5.2.2　平行式内容布局

平行式内容布局是指平叙其事，讲述一个事件的多个方面，或者多件事件一起讲述的结构形式。在这类结构中，所叙述的事件没有高低、先后之分，属于平行并列的关系。下面将举例介绍运用ChatGPT生成平行式内容布局的方法。

扫码看教学视频

步骤01 在ChatGPT的输入框中输入对话前提，如"你是一个正方辩手，请针对你所支持的观点'逆境更有利于人成长'，提出论点"，生成的回复如图5-19所示。

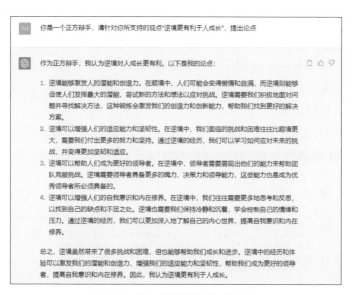

图 5-19　输入对话前提后生成的回复

步骤 02 继续输入关键词，如"根据上述观点进行举例论证，并生成完整的论文"，可以得到平行式内容布局，部分内容展示如图5-20所示。

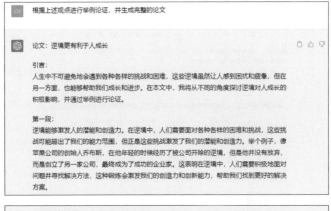

图 5-20　生成的平行式内容布局部分内容展示

从上述ChatGPT生成的平行式内容布局来看，文中的"第一段""第二段"之间就属于平行关系，同样作为论据来论证"逆境更有利于人成长"这一论点。

5.2.3　层进式内容布局

层进式内容布局是指所描述的事件、话题等具有环环相扣、循序渐进关系的结构形式。运用ChatGPT生成层进式内容布局，可以让ChatGPT先生成一个故事开头，然后按照故事发展顺利进行续写，具体的操作方法介绍如下。

扫码看教学视频

步骤 01 先让ChatGPT生成一个故事开头，如输入"提供一个童话故事开头"关键词，ChatGPT生成的回复如图5-21所示。

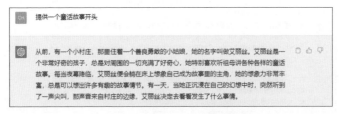

图 5-21　ChatGPT 生成的故事开头

步骤 02 让ChatGPT根据事情发展的先后顺序，续写故事，如输入"请按事情发展的先后顺序续写这个故事"，便可以得到层进式内容布局，如图5-22所示。

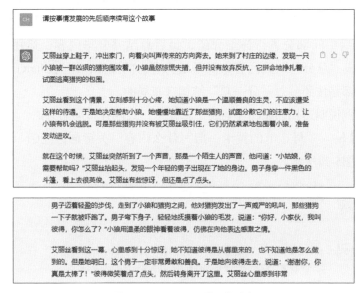

图 5-22 ChatGPT 续写的故事

步骤 03 由于没有说明字数要求，ChatGPT的回复在达到上限后会出现文字中断的情况，此时需要再次输入"继续"关键词，让ChatGPT生成完整的故事，如图5-23所示。可以看到，ChatGPT按照我们的指令，生成了符合事件发展先后顺序的故事，并用"有一天""就在这个时候"等语言来连贯故事，展现出故事的层次递进关系。

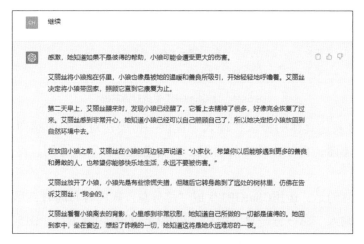

图 5-23 ChatGPT 生成了完整的故事

5.2.4 "总分总"式内容布局

"总分总"式内容布局是常见的结构方式，具体指按照"总写—分写—总写"的形式来布局内容，如文案的开头先总体概括全部内容，然后中间部分进行详细介绍，最后总结并升华内容。运用ChatGPT生成"总分总"式内容布局是最为省力的操作，因为ChatGPT无论生成哪种文本，都是按照"总—分—总"结构来布局的。

扫码看教学视频

下面举例说明运用ChatGPT生成"总分总"式内容布局的方法。

步骤01 输入"母亲节的贺卡一般写什么内容"关键词，让ChatGPT生成对话前提，如图5-24所示。

> CH　母亲节的贺卡一般写什么内容
>
> 母亲节的贺卡可以写许多不同的内容，具体取决于您的母亲和您之间的关系，以及您想要表达的感情。以下是一些可能的母亲节贺卡内容：
>
> 1. 感谢母亲的爱和奉献。您可以表达您对母亲无私的爱和奉献的感激之情，这是母亲节最常见的贺卡内容之一。
> 2. 祝福母亲幸福和健康。您可以表达您对母亲身体健康和心灵愉悦的祝福，希望她永远快乐和幸福。
> 3. 表达对母亲的爱和敬意。您可以表达您对母亲无限的爱和敬意，让她知道她在您心中的地位。
> 4. 回忆母亲的陪伴和支持。您可以回忆您和母亲一起度过的美好时光，以及母亲在您成长中所给予的支持和鼓励。
> 5. 献上自己的祝福和心愿。您可以写下您自己的祝福和心愿，让母亲知道她在您的心中永远有一席之地。
>
> 无论您选择哪种内容，母亲节的贺卡都应该是真挚和感人的，以表达您对母亲的爱和感激之情。

图 5-24　让 ChatGPT 生成对话前提

步骤02 表达具体的需求，输入"提供一份表达对母亲的感谢与祝福的贺卡，先表达感谢，再结合具体的实例，最后送上祝福"关键词，得到的回复如图5-25所示。

需要注意的是，运用ChatGPT生成"总分总"式内容布局时，尽量不要直接在关键词中输入"总—分—总"结构，以免ChatGPT识别出错。图5-26所示为输入错误的关键词生成的回复示例。

提供一份表达对母亲的感谢与祝福的贺卡，先表达感谢，再结合具体的实例，最后送上祝福

亲爱的妈妈，

在这个特别的日子里，我想表达我对您的感激和祝福。首先，我想对您说声谢谢。谢谢您为我所做的一切，您一直是我的支持和鼓励。我感激您无私的爱和奉献，您的付出和牺牲，使我成为今天的自己。

我记得小时候，每当我生病时，您总是陪在我身边，不离不弃，照顾我，让我感受到您无微不至的关爱。我还记得您带我去看电影，带我去游乐场，给我买最喜欢的零食。这些美好的回忆一直留在我的脑海中，也一直鼓励着我前行。

我知道，这些对您来说可能是微不足道的小事，但对我来说，它们是无价的宝藏，是我一生中最珍贵的回忆。谢谢您为我做的一切，我永远不会忘记您的付出和爱心。

最后，我想对您送上我的祝福。我希望您永远健康、平安、快乐。我希望您每天都能感受到我的爱和关心。妈妈，您是我心中最重要的人，我爱您，祝您母亲节快乐！

图 5-25　表达具体的需求后得到的回复

用"总—分—总"的结构形式，生成一份贺卡，表达对母亲的感谢与祝福

总：亲爱的妈妈，

分：今天是母亲节，我想借此机会表达我对您的感激之情。

总：感谢您的无私奉献和爱。

分：您一直是我生命中最伟大的人，从我出生起，您就一直在我的身边，为我付出无数。

总：祝福您健康和幸福。

分：我希望您永远健康、快乐、平安。您的幸福和幸福是我最大的心愿，也是我最大的幸福。

总：我永远爱您。

分：在这个特别的日子里，我想让您知道我有多爱您。您是我心中最重要的人，我会永远爱您，尊敬您，感激您。

总：祝母亲节快乐！

分：最后，再次祝您母亲节快乐！感谢您一直以来对我的爱和支持，我会一直珍惜您，爱您，直到永远。

图 5-26　输入错误的关键词生成的回复示例

5.2.5 镜头剪接式内容布局

镜头剪接式内容布局是指文案内容像镜头播放画面一样，同时呈
现多个不同的事件、景物或人物，通过这些不同的画面来表达同一个
主题的结构形式。这类内容布局一般用于表现宏大、有价值观导向的
主题。运用ChatGPT生成镜头剪接式内容布局可以以短视频脚本示例，具体的操
作方法如下。

扫码看教学视频

步骤 01 先让ChatGPT根据主题生成几组画面，输入"用几组不同的画面来
描述夏天，要体现出夏天的特征"，得到的回复如图5-27所示。

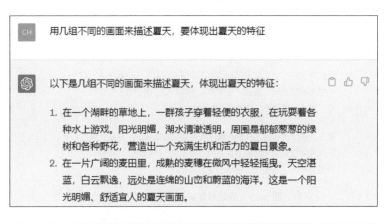

图5-27 ChatGPT 根据主题生成的几组画面

步骤 02 继续输入"将这几组画面转换为短视频脚本，以表格的形式"关键
词，ChatGPT生成的回复部分内容如图5-28所示。

需要注意的是，由于ChatGPT生成答案的字数受限，要求其生成短视频脚本
时会出现中断的情况，因此用户需要在关键词中加入"简化画面描述"的指令，
如在上述关键词中加入这一指令后，变为"将这几组画面简化描述并转换为短视
频脚本，以表格的形式"，输入ChatGPT中，可以得到完整的短视频脚本。

画面序号	画面描述	视频脚本
1	在一个湖畔的草地上，一群孩子穿着轻便的衣服，在玩耍着各种水上游戏。阳光明媚，湖水清澈透明，周围是郁郁葱葱的绿树和各种野花，营造出一个充满生机和活力的夏日景象。	画面：湖畔的草地上，孩子们兴高采烈地玩耍着水上游戏。阳光照耀下，湖水清澈见底，绿树和野花点缀着周围的环境。\ 配乐：欢快轻松的音乐。\ 字幕：一个充满活力的夏日景象。
2	在一片广阔的麦田里，成熟的麦穗在微风中轻轻摇曳。天空湛蓝、白云飘逸，远处是连绵的山峦和蔚蓝的海洋。这是一个阳光明媚、舒适宜人的夏天画面。	画面：广阔的麦田中，成熟的麦穗在微风中摇曳。湛蓝的天空上飘着白云，远处是壮丽的山峦和蓝色的海洋。\ 配乐：宁静轻柔的音乐。\ 字幕：阳光明媚、舒适宜人的夏天。
3	在一个郊外的果园里，果树上挂满了各种水果，比如草莓、蓝莓、桃子等等。人们在采摘水果，笑声和欢呼声不断，夏日的喜悦洋溢着每个人的脸上。	画面：果园里，果树上挂满了各种水果，如草莓、蓝莓、桃子等。人们忙碌地采摘水果，笑声和欢呼声此起彼伏，每个人脸上洋溢着夏日的喜悦。\ 配乐：欢快活泼的音乐。\ 字幕：夏日的喜悦。

图 5-28 ChatGPT 生成的镜头剪接式内容布局（部分内容）

5.3 4种AI文案结尾的生成方法

文案的结尾发挥着总结与强调观点、呼吁读者采取行动、给读者留下深刻印象和引导读者深入思考的作用。好的结尾能够增强文案的吸引力和影响力，因此创作者们有必要重视文案结尾的创作。本节将介绍运用ChatGPT生成4种文案结尾的方法，帮助创作者们提高创作文案的水平和效率。

5.3.1 呼应型文案结尾

呼应型文案结尾是指在结尾处呼应主体内容或开头。这类文案结尾最主要的作用是强化信息，在广告营销文案中应用较广，能够起到加深读者对产品的印象和增强读者信任的作用。下面将举例介绍运用ChatGPT生成呼应型文案结尾的操作方法。

扫码看教学视频

步骤 01 让ChatGPT生成一段关于电商产品的文案开头，如输入"为钢笔产品提供一段描述作为文案开头"关键词，得到的回复如图5-29所示。

步骤 02 让ChatGPT根据这段开头，生成一段前后呼应的文案结尾，在输入框中输入"根据这段开头提供一段前后呼应的文案结尾"关键词，ChatGPT生成的呼应型文案结尾如图5-30所示。

图 5-29　ChatGPT 生成的关于电商产品的文案开头

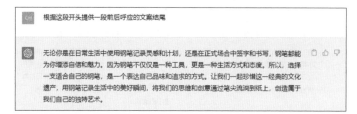

图 5-30　ChatGPT 生成的呼应型文案结尾

5.3.2　引用型文案结尾

扫码看教学视频

引用型文案结尾是指在结尾处引用文学典籍、文人词句、典故、名言名句等来深化思想、升华主题的文案技巧。这类技巧在引用时需注意选择的名言名句要紧扣文案主题内容，且具有说服力和影响力。运用ChatGPT生成引用型文案结尾的方法与生成引经据典式文案开头的方法类似，具体的操作步骤如下。

步骤 01 用户可以根据任务需求，让ChatGPT生成对话前提，如在ChatGPT输入框中输入"有哪些名言警句可以用作论述知识的重要性"关键词，得到ChatGPT的回复如图5-31所示。

图 5-31　ChatGPT 生成的对话前提

步骤02 接下来，根据ChatGPT的回复输入具体的需求，如输入"请引用'学无止境'的观点，提供一个升华主题的文案结尾"关键词，得到的引用型文案结尾如图5-32所示。可以看到，ChatGPT生成的答案在语义和语法上基本都没有问题，但在说明名句的出处时存在错误，因此需要我们对其有所甄别。

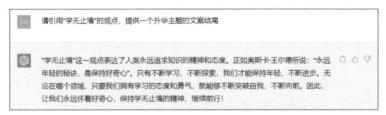

图 5-32　ChatGPT 生成的引用型文案结尾

若有需要的话，用户可以在ChatGPT的输入框中输入正确的答案，然后引导其生成含有正确引用的文案结尾，示例如图5-33所示。

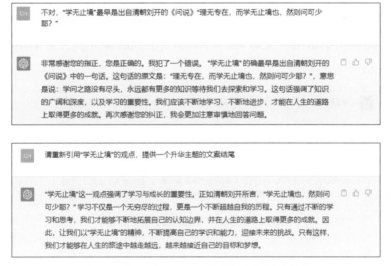

图 5-33　指正后 ChatGPT 生成的引用型文案结尾

5.3.3　修辞型文案结尾

修辞型文案结尾是指在结尾运用修辞手法来写作的文案结尾。这类文案结尾可以起到增强文案的表现力和感染力，增加受众记忆点的作用。运用ChatGPT生成修辞型文案结尾可以在关键词中提供具体的修辞手法，以便获得更有效的回复。

扫码看教学视频

下面介绍运用ChatGPT生成修辞型文案结尾的具体操作方法。

步骤 01 先让ChatGPT生成对话前提，在输入框中输入"你知道排比手法吗？"关键词，得到ChatGPT的回复如图5-34所示。

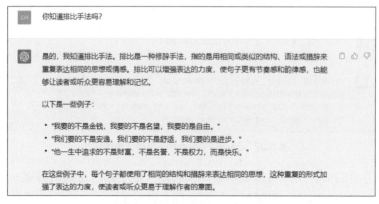

图 5-34　ChatGPT 生成的对话前提

步骤 02 接着输入具体的需求，如输入"请运用排比手法为一篇情感类公众号文章提供文案结尾"关键词，ChatGPT生成的修辞型文案结尾如图5-35所示。

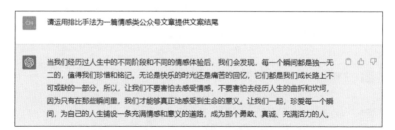

图 5-35　ChatGPT 生成的修辞型文案结尾

5.3.4　反转型文案结尾

反转型文案结尾是指在结尾给人出乎意料的感觉的文案结尾。这类文案结尾通常融入幽默元素，作为搞笑视频的结尾，并给受众留下深刻的印象。用户输入恰当的关键词，能够引导ChatGPT生成反转型文案结尾，具体的操作方法如下。

扫码看教学视频

步骤 01 先让ChatGPT生成一个幽默故事的脚本，在输入框中输入"提供一个幽默故事的脚本，带有故事情节的"关键词，得到的回复如图5-36所示。

图5-36 ChatGPT 生成的幽默故事脚本

步骤02 接着让ChatGPT优化这个脚本，如输入"改写这个故事的结局，要求出人意料"关键词，得到的回复如图5-37所示。

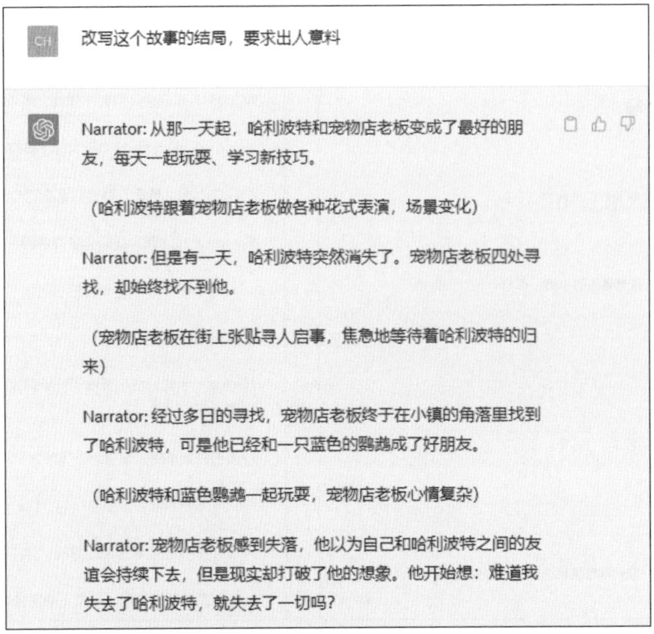

改写这个故事的结局，要求出人意料

Narrator: 从那一天起，哈利波特和宠物店老板变成了最好的朋友，每天一起玩耍、学习新技巧。

（哈利波特跟着宠物店老板做各种花式表演，场景变化）

Narrator: 但是有一天，哈利波特突然消失了。宠物店老板四处寻找，却始终找不到他。

（宠物店老板在街上张贴寻人启事，焦急地等待着哈利波特的归来）

Narrator: 经过多日的寻找，宠物店老板终于在小镇的角落里找到了哈利波特，可是他已经和一只蓝色的鹦鹉成了好朋友。

（哈利波特和蓝色鹦鹉一起玩耍，宠物店老板心情复杂）

Narrator: 宠物店老板感到失落，他以为自己和哈利波特之间的友谊会持续下去，但是现实却打破了他的想象。他开始想：难道我失去了哈利波特，就失去了一切吗？

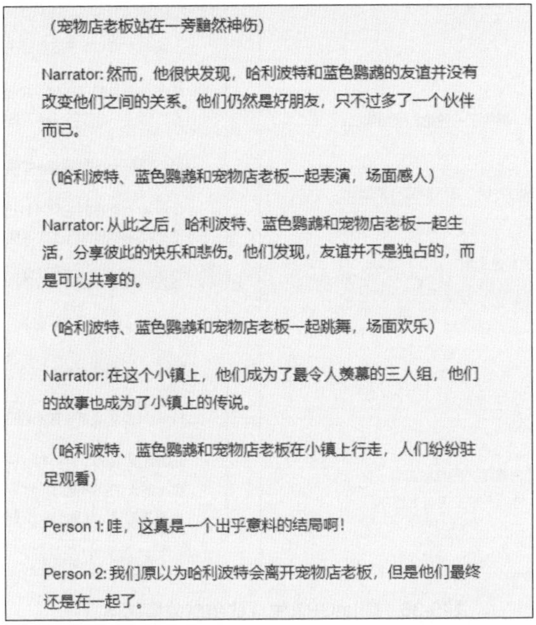

（宠物店老板站在一旁黯然神伤）

Narrator: 然而，他很快发现，哈利波特和蓝色鹦鹉的友谊并没有改变他们之间的关系。他们仍然是好朋友，只不过多了一个伙伴而已。

（哈利波特、蓝色鹦鹉和宠物店老板一起表演，场面感人）

Narrator: 从此之后，哈利波特、蓝色鹦鹉和宠物店老板一起生活，分享彼此的快乐和悲伤。他们发现，友谊并不是独占的，而是可以共享的。

（哈利波特、蓝色鹦鹉和宠物店老板一起跳舞，场面欢乐）

Narrator: 在这个小镇上，他们成为了最令人羡慕的三人组，他们的故事也成为了小镇上的传说。

（哈利波特、蓝色鹦鹉和宠物店老板在小镇上行走，人们纷纷驻足观看）

Person 1: 哇，这真是一个出乎意料的结局啊！

Person 2: 我们原以为哈利波特会离开宠物店老板，但是他们最终还是在一起了。

图 5-37　ChatGPT 生成的反转型文案结尾（1）

　　从上述示例中可以看出，ChatGPT对幽默感的把握和反转的设置还有所欠缺。用户还可以引导ChatGPT先生成一个完整的故事，然后将故事结局改为出人意料的走向，具体的操作方法如下。

步骤01 新建一个对话窗口，先让ChatGPT生成一个完整的寓言故事，在输入框中输入"提供一个寓言故事，字数在200字以内"，得到的回复如图5-38所示。

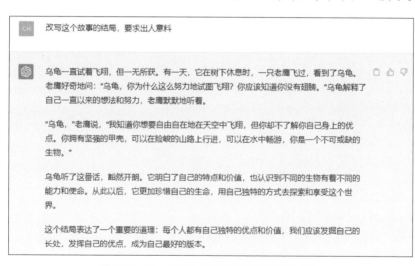

图 5-38　ChatGPT 生成的故事

步骤02 让ChatGPT改写故事结局，在输入框中输入"改写这个故事的结局，要求出人意料"关键词，便可以生成反转型文案结尾，如图5-39所示。

图 5-39　ChatGPT 生成的反转型文案结尾（2）

本章小结

本章主要向读者介绍了文案内容结构的优化技巧，通过演示引导ChatGPT生成不同类型的文案开头、内容布局和文案结尾的方法，主要是让读者学会关键词的编写与运用，从而进一步掌握运用ChatGPT生成文案的方法。希望读者学完本章的内容后，及时实践，以真正习得ChatGPT的这类用法。

课后习题

鉴于本章知识的重要性，为了帮助读者更好地掌握所学知识，本节将通过课后习题，帮助读者进行简单的知识回顾和补充。

1. 尝试让ChatGPT生成一个适合悬疑小说的创设情景式文案开头。

2. 尝试引导ChatGPT生成一个结局出乎意料的爱情小说。

第 6 章

软文写作：创意软文的打造方法

在自媒体时代，软文作为推广产品和宣传品牌的途径之一，在新闻媒体、短视频平台、博客等社媒平台中随处可见，成为人们不可忽视的存在。因此，软文写作在文案创作中占有着重要的地位。本章将介绍运用 ChatGPT 打造软文的方法，帮助大家高效地创作软文。

6.1 AI软文的生成流程

运用ChatGPT生成软文的流程与前面章节学习的生成文案的流程基本一致，只是多了批量生成和编辑校对这两个过程，同样是输入合适的关键词引导ChatGPT，用户即可得到所需的软文进行参考。本节将一一介绍运用ChatGPT生成软文的流程。

6.1.1 确定软文主题

确定软文的主题是指明确软文所属的主题和关键词。用户可以从软文的类型入手，如图6-1所示，从中寻找主题的灵感。

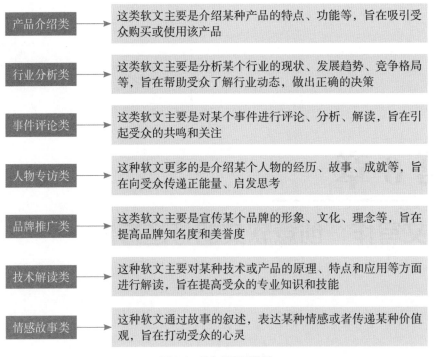

图6-1　软文的不同类型

除此之外，还有围绕生活常识、生活技巧等提供生活乐趣的贴近生活类软文；介绍地域特色进行旅游宣传的地方特色类软文；用生动活泼的语言讲解理论知识或技能的知识普及类软文等。

当然，明确软文的主题也有一定的技巧，如图6-2所示。

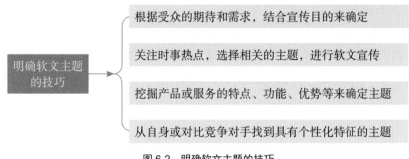

图 6-2 明确软文主题的技巧

6.1.2 提供高质量关键词

运用ChatGPT生成软文的第二步则是提供高质量的关键词。高质量的关键词是决定ChatGPT生成高效、有价值的文本的决定性因素。运用ChatGPT生成软文，提供高质量的关键词可以掌握以下几个提示公式。

公式一，标准提示：生成【任务】，如"生成××手机的宣传软文"。

公式二，角色提示：作为【角色】，生成【任务】，如"作为一名律师，生成一篇向大众普法的软文"。

公式三，样本提示：根据【示例】，生成【任务】，如"根据这个示例，生成一篇同样结构的软文"。

公式四，种子词提示：请根据【种子词】，生成【文本】，如"请根据以下种子词生成软文：灾区、援助、呼吁"。

公式五，可解释的软提示：基于【风格/模板】，生成【文本】，如"基于××作家的写法，生成一篇软文"。

公式六，聚类提示：将以下【文章】按照【主题】分组，如"将以下新闻文章根据主题分组成簇：××文章"。

公式七，分类提示：对以下文章【插入文章】进行文本分类，并根据其内容将其分为不同的类别，如体育、文化和娱乐等。

公式八，概述提示：用一句简短的话概述以下文章【插入文章】。

公式九，自洽提示：输入【任务需求】，请确保以下文本是自洽的，如"生成一篇最新电影的影评，请确保以下文本是自洽的"。

6.1.3 批量生成软文

用户在编写完关键词并提供给ChatGPT之后，便可以获得软文参考。下面将举例运用ChatGPT批量生成软文的方法。

　　例如，我们输入"种子词"提示，让ChatGPT生成包含"种子词"的软文。在ChatGPT的输入框中输入"请根据以下种子词生成软文：西瓜、汽水、蔚蓝的大海和天空"，ChatGPT生成的软文如图6-3所示。

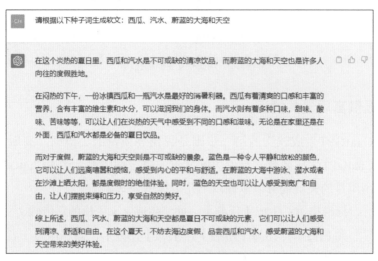

图 6-3　ChatGPT 生成的软文

　　可以看出，ChatGPT根据我们输入的提示词写作了一篇简短的软文。还可以让ChatGPT生成带有平台特征的软文，如生成符合微信公众号文章风格的软文，示例如图6-4所示。

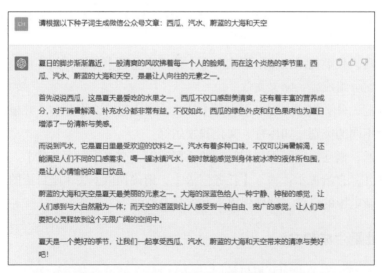

图 6-4　让 ChatGPT 生成带有平台特征的文章示例

6.1.4 输出后编辑校对

用户在得到ChatGPT生成的软文之后，还需要进行编辑校对，自行校对或者运用AI内容检测工具使软文的内容更加完善与优化。下面将简要介绍运用AI内容检测工具来编辑校对软文的操作方法。

例如，我们先让ChatGPT生成一篇软文，在ChatGPT的输入框中输入"请生成一篇情感故事类软文，字数在200字以内"，获得的软文如图6-5所示。

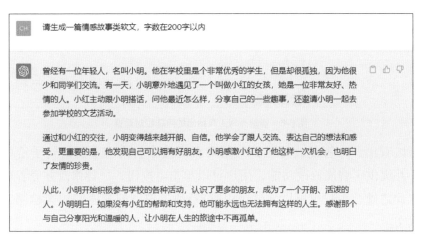

图 6-5 ChatGPT 生成的软文

再将ChatGPT生成的软文，复制粘贴到"智能改写工具"中进行编辑与校对，可以得到编辑校对的建议，如图6-6所示。

图 6-6

图 6-6　智能改写工具给出的编辑校对建议

可以看出，"智能改写工具"结合百度搜索将内容重复的句子给标注出来了，并提供了智能修改功能，用户可以单击 改 按钮，一键修改并完善软文内容。除此之外，用户也可以尝试运用第1章所了解到的其他AI内容检测工具来优化软文。

6.2　7种AI软文的生成方法

在确定软文的主题时，我们了解到软文有多种不同的类型，根据不同类型的软文特征和任务需求，便可以引导ChatGPT生成多种软文供我们参考。本节将详细介绍运用ChatGPT生成7种软文的操作方法。

6.2.1　产品介绍类软文

产品介绍类软文主要是介绍并推广某种产品，因此当运用ChatGPT生成这类软文时，可以在关键词中提供产品的详细信息，以便ChatGPT提供准确的内容，具体的操作方法如下。

扫码看教学视频

步骤 01 在ChatGPT的输入框中输入对话前提，如"宣传软文是什么"，生成的回复如图6-7所示。

步骤 02 继续输入标准提示说明需求，如"为《幻境：风光摄影与后期从小白到大师》这本书提供宣传软文，并附带图片，发送图片时请用markdown

语言生成，不要反斜线，不要代码框，不要文字介绍，×××（此处为图片链接）"，生成的回复如图6-8所示。

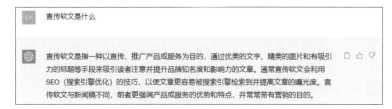

图 6-7 ChatGPT 生成的回复

图 6-8 ChatGPT 生成的产品介绍类软文

6.2.2 行业分析类软文

扫码看教学视频

行业分析类软文要求专业、严谨，因此在运用ChatGPT生成这类软文时，可以输入角色提示，让ChatGPT充当某一领域的专家，再根据需求生成软文。下面将具体介绍运用ChatGPT生成行业分析类软文的操作方法。

步骤01 在ChatGPT的输入框中输入角色前提，如输入"你是一名项目管理方面的专家，请运用你的能力进行以下对话"关键词，生成的回复如图6-9所示。

图 6-9 输入角色前提后 ChatGPT 的回复

步骤02 继续输入具体的需求，如"请生成一篇关于探讨人工智能对产业供应链的影响的软文"，ChatGPT会生成行业分析类软文，如图6-10所示。

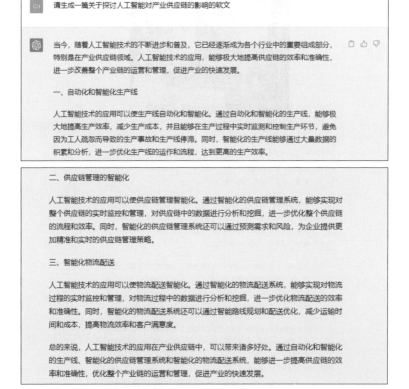

图 6-10 ChatGPT 生成的行业分析类软文

6.2.3 事件评论类软文

结合事件评论类软文的特征，用户可以让ChatGPT充当某一领域的专家进行专业的行业知识解读，也可以让ChatGPT就某一电影或电视剧进行影评分析。下面以运用ChatGPT生成影评分析为例，介绍具体的操作步骤。

扫码看教学视频

步骤01 在ChatGPT的输入框中输入对话前提，如"你知道电影《阿凡达》吗"，生成的回复如图6-11所示。

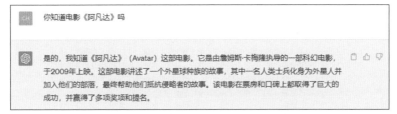

图 6-11 输入对话前提后 ChatGPT 的回复

步骤02 让ChatGPT根据对电影的了解生成专业的影评，如输入"运用专业的电影学知识，提供一篇关于《阿凡达》的影评"关键词，生成的回复如图6-12所示。

图 6-12 ChatGPT 生成的电影影评

步骤03 还可以进一步让ChatGPT根据影评内容改写为适合发布到公众号的文章，如输入"微信公众号文章具有个性化定制、交互性强、语言简短易懂等特点，请结合公众号文章的特点，将上述影评生成一篇公众号文章"关键词，生成的回复如图6-13所示。

> **C+** 微信公众号文章具有个性化定制、交互性强、语言简短易懂等特点，请结合公众号文章的特点，将上述影评生成一篇公众号文章
>
> **⑤** 《阿凡达》：视觉奇观与深度思考的完美结合
>
> 《阿凡达》是一部令人惊叹的电影，不仅仅因为它采用了全新的3D技术和精美的特效，更因为它展现了丰富的文化内涵和深度的思考。
>
> 电影讲述了一个外星球种族的故事，以及一位人类士兵化身为外星人并加入他们的部落，最终帮助他们抵抗侵略者的故事。在这个虚构的世界中，导演巧妙地融合了科幻元素和动作片的格局，呈现出了一个令人目不暇接的奇幻世界。同时，电影中也涉及了文化差异、环保主题、生命观念等多个议题，给观众带来了深度思考和情感共鸣。
>
> 在视觉效果方面，电影采用了全新的3D技术，呈现出了绚烂多彩的外星世界和精美的特效，让观众仿佛置身于一个奇幻的梦境中。导演还特别注重了光影的运用，营造出了不同的情绪和氛围，让整个电影更具魅力。
>
> 此外，电影中的主人公杰克·萨利也是一位非常饱满的角色，他通过科技手段获得了身体健全的机会，并最终成为了外星世界的一员。他的形象鲜明、代表性强，让观众产生了强烈的情感共鸣。
>
> 总的来说，电影《阿凡达》是一部充满个性化定制、交互性强、语言简短易懂等特点的优秀作品。它展示了导演卡梅隆出色的电影制作技巧和敏锐的文化触觉，为科幻电影注入了新的活力，也为观众带来了无限的想象空间和深度思考。

图 6-13　ChatGPT 生成的适合公众号发布的事件评论类软文

6.2.4　人物专访类软文

用户运用ChatGPT生成人物专访类软文，可以先赋予ChatGPT以身份进行采访对话，然后再让ChatGPT根据对话内容生成软文，具体的操作步骤如下。

扫码看教学视频

步骤01 在ChatGPT的输入框中输入对话前提，如先输入"你是一名记者，熟知人物专访的所有知识和流程。我是一名擅长于写虚构小说的作家。现在我希望你用你的专业知识和职业素养来采访我，向我提出问题，并根据我的回答进行连续性提问，直至你认为了解到了你所需的全部信息，对话中不要写任何解释。"关键词，与ChatGPT进行连续性对话，ChatGPT生成的回复如图6-14所示。

你是一名记者，熟知人物专访的所有知识和流程。我是一名擅长于写虚构小说的作家。现在我希望你用你的专业知识和职业素养来采访我，向我提出问题，并根据我的回答进行连续性提问，直至你认为了解到了你所需的全部信息，对话中不要写任何解释。

请问，您最近在写什么样的虚构小说呢？

我最近在虚构一个类似于童话，但偏现实的小说

您能告诉我这个小说的主要情节和故事背景吗？

大概是关于一只蜗牛想要放弃自己的壳去远渡大洋的故事

这个故事的灵感来源是什么呢？为什么您会想到创作这样一个故事情节呢？

之所以写这个故事，是关于对现实中人们疲于生活，难以抽出时间去欣赏各地风景的思考

您觉得在这个故事中，蜗牛放弃它的壳并踏上远航的行程，代表着什么意义呢？

蜗牛决定活在当下吧，不想要寄很多希望于未来

很有趣的想法。那么在这个故事中，蜗牛所要面临的挑战是什么呢？它会如何应对这些挑战？

只是有个故事大纲，具体的情节还不清楚

明白了。那么在您的写作过程中，您会采取什么样的方法来构思和发展这个故事情节呢？比如是否会进行细致的人物塑造和情节规划等等。

在写作方法上可能是倒叙吧，目前的主要人物还只有蜗牛一个，后续可能会有新的人物

图 6-14

图 6-14　与 ChatGPT 进行连续性对话生成的回复

步骤 02 让ChatGPT将上述对话整理成软文，如输入"将上述对话整理成一篇人物专访类软文"，ChatGPT生成的回复如图6-15所示。

将上述对话整理成一篇人物专访类软文

以下是我整理的人物专访类软文，题为：写作虚构小说的探索：一次专访

在这次专访中，我采访了一位擅长写虚构小说的作家，探讨了她的写作方法以及她最近正在创作的小说情节。

当被问到她最近的作品是什么样的虚构小说时，作家表示她正在写一个类似于童话，但更偏现实的小说。她接着描述了小说的主要情节和故事背景，讲述了一只蜗牛想要放弃自己的壳去远渡大洋的故事。

当问到这个故事的灵感来源时，作家解释说这个故事是关于对现实中人们疲于生活，难以抽出时间去欣赏各地风景的思考。在这个故事中，蜗牛放弃它的壳并踏上远航的行程，代表着活在当下、不寄希望于未来的意义。

虚构小说的情节和角色发展是很重要的，因此我问她是否会采取什么样的方法来构思和发展这个故事情节。作家表示她会使用倒叙写作的方法，借此交代人物产生某种心理或情绪的原因。至于丰富情节和角色，作家打算融入友谊这个元素。

场景和背景设定对于故事情节和角色发展也有很大的影响。当我问她如何选择场景和背景设定时，作家表示她选择了现实生活中的地点和事件作为灵感来源。

最后，我问她一个好的虚构小说应该具备哪些要素才能吸引读者并留下深刻的印象。作家表示每个作家都有各自的风格，展现出自己的风格，并表达出有人能理解的观点或看法，都是会令人印象深刻的。

总的来说，这次专访给了我们一个深入了解一个虚构小说作家的机会，让我们更好地了解她的写作方法、思考过程以及创作灵感来源。

图 6-15　ChatGPT 生成的人物专访类软文

可以看出，ChatGPT生成的人物专访类软文略显生硬，缺乏一定的生动性与思想性，只是将与人物对话的内容进行了连贯与归纳。为了获得更有效的回复，用户可以提供给ChatGPT一篇人物专访类软文范例，让其对照范例生成。

6.2.5　品牌推广类软文

品牌推广类软文和产品介绍类软文的功能类似，都发挥着宣传推广的作用。运用ChatGPT生成品牌推广类软文，可以多给ChatGPT提供一些关于品牌的背景信息、企业文化等提示，让ChatGPT生成更准确、有效的回复。下面介绍具体的操作方法。

扫码看教学视频

步骤01 在ChatGPT的输入框中输入品牌背景，如输入"有伊是一个专注于燕麦牛奶研发的品牌，拥有十余年的历史，其产品以谷粒多、奶味足、营养养生为优势，获得了广大消费者的青睐。"的关键词，生成的回复如图6-16所示。

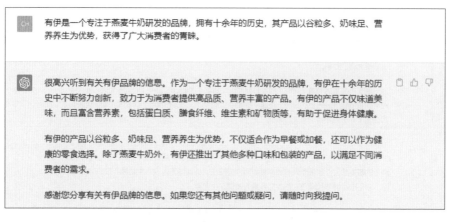

图6-16　输入品牌背景后 ChatGPT 的回复

步骤02 继续输入具体的需求，如输入"现有伊品牌想要开拓国际市场，让其产品远销全球各地。请结合有伊品牌的背景，为其提供一篇宣传软文作为品牌推广"的关键词，生成的回复如图6-17所示。

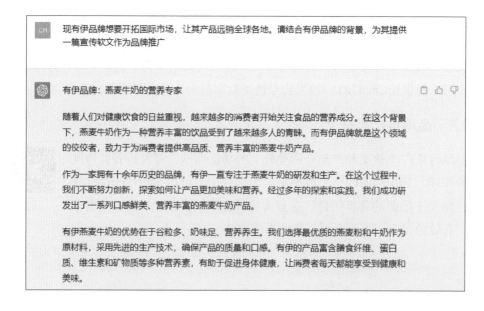

我们深知，要在竞争激烈的市场中脱颖而出，除了产品质量和口感之外，还需要有一个强有力的品牌形象。因此，我们致力于打造有伊品牌的知名度和美誉度，让更多的消费者了解和认可我们的产品。在过去的几年中，我们的品牌已经获得了广大消费者的认可和好评，成为了燕麦牛奶领域的领先品牌。

现在，有伊品牌已经准备进军国际市场，让我们的产品走向全球。我们相信，有伊的品质和口感可以让更多的消费者喜爱。我们将不断努力创新和完善，提供更好的产品和服务，让全世界的消费者都能享受到有伊燕麦牛奶的美味和营

继续

养。在此，我们诚挚邀请全球的消费者加入有伊的大家庭，一起品尝健康美味的燕麦牛奶，享受健康生活的美好。

有伊的国际化之路不会是一帆风顺的，但我们相信，只要我们坚持品质和口感第一的原则，不断推陈出新，与时俱进，我们一定能够赢得更多消费者的信任和支持。

在有伊品牌的国际化过程中，我们将秉承"诚信、创新、共赢"的企业文化，与全球的合作伙伴一起携手前进，共同打造燕麦牛奶领域的佼佼者。

有伊品牌，让你喝出健康，品出美味，带来更加美好的生活体验。让我们一起迈向有伊品牌的国际化征程，为全球消费者带去健康和快乐！

图 6-17 ChatGPT 生成的品牌推广类软文

6.2.6 技术解读类软文

扫码看教学视频

技术解读类软文的主要作用在于传授给人们有效的技能，如摄影、乐器、运动器械、传统工艺等有一定技术性的技能，都可以作为软文的内容。下面介绍运用ChatGPT生成技术解读类软文的操作方法。

步骤01 在ChatGPT的输入框中输入对话前提，如输入"你了解木雕的技术原理吗"关键词，ChatGPT生成的回复如图6-18所示。

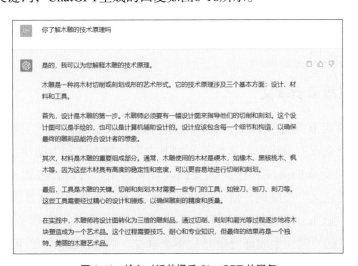

你了解木雕的技术原理吗

是的，我可以为您解释木雕的技术原理。

木雕是一种将木材切削或刻划成形的艺术形式。它的技术原理涉及三个基本方面：设计、材料和工具。

首先，设计是木雕的第一步。木雕师必须要有一幅设计图来指导他们的切削和刻划。这个设计图可以是手绘的，也可以是计算机辅助设计的。设计应该包含每一个细节和构造，以确保最终的雕刻品能符合设计者的想象。

其次，材料是木雕的重要组成部分。通常，木雕使用的木材是硬木，如橡木、黑核桃木、枫木等，因为这些木材具有高度的稳定性和密度，可以更容易地进行切削和刻划。

最后，工具是木雕的关键。切削和刻划木材需要一些专门的工具，如锉刀、刨刀、刻刀等。这些工具需要经过精心的设计和锤炼，以确保雕刻的精度和质量。

在实践中，木雕师将设计图转化为三维的雕刻品，通过切削、刻划和磨光等过程逐步地将木块塑造成为一个艺术品。这个过程需要技巧、耐心和专业知识，但最终的结果将是一个独特、美丽的木雕艺术品。

图 6-18 输入对话前提后 ChatGPT 的回复

步骤 02 继续输入具体的需求，如输入"东阳木雕是中国的四大木雕之首，以构图、浮雕见长，雕刻题材包括但不限于神话故事、吉祥动物、抽象图案和山水人物，其作品崇高、优美，有极高的鉴赏价值。请结合木雕的技术原理，生成一篇介绍东阳木雕的软文。"关键词，ChatGPT生成的回复如图6-19所示。

> CH　东阳木雕是中国的四大木雕之首，以构图、浮雕见长，雕刻题材包括但不限于神话故事、吉祥动物、抽象图案和山水人物，其作品崇高、优美，有极高的鉴赏价值。请结合木雕的技术原理，生成一篇介绍东阳木雕的软文。
>
> 　东阳木雕是中国木雕艺术的重要代表之一，也是中国四大木雕之首。它以构图、浮雕见长，雕刻题材包括神话故事、吉祥动物、抽象图案和山水人物等，其作品崇高、优美，有极高的鉴赏价值。
>
> 　东阳木雕的技术原理非常讲究。首先，它注重设计，雕刻师需要绘制出详细的设计图，包括每一个细节和构造，以确保最终的作品符合设计师的要求。其次，东阳木雕使用的材料非常重要，通常选用硬质木材，如黄花梨、紫檀等，以确保雕刻的精度和质量。最后，东阳木雕需要使用专门的工具，如刨刀、刻刀等，这些工具需要精心设计和锤炼，以确保雕刻的效果。
>
> 　东阳木雕以其精湛的工艺和独特的风格而著名。它的构图精妙，浮雕深刻，刻画细腻，具有强烈的装饰性和艺术性。作品涵盖了各种题材，包括神话故事、吉祥动物、抽象图案和山水人物等。其中，神话故事是东阳木雕的经典题材之一，如《白蛇传》、《西游记》、《红楼梦》等，这些作品以其丰富的想象力和深刻的内涵而著称。
>
> 　除了其艺术价值，东阳木雕还有极高的收藏价值。作为中国传统文化的代表之一，东阳木雕的作品在艺术市场上备受追捧，其价格也一直居高不下。同时，由于其独特的工艺和技术原理，东阳木雕也成为了一个吸引游客和收藏家的热门旅游目的地。
>
> 　总之，东阳木雕以其精湛的工艺和独特的风格而享誉全国。它的艺术价值和收藏价值都非常高，是中国传统文化的重要代表之一，也是中国木雕艺术的瑰宝。

图 6-19　ChatGPT 生成的技术解读类软文

显然，ChatGPT对某些知识性的信息掌握得还不够全面，需要我们参考时在对其答案进行甄别。

6.2.7　情感故事类软文

扫码看教学视频

情感故事类软文注重向受众输出情感价值，或引起受众产生同感，或给予受众安慰或治愈。这类软文因其内容的故事性和生动性，能够迅速吸引受众的关注。这类软文比较常见，用户可以直接输入"情感故事类软文"关键词，便可以获得文章参考，具体的操作方法如下。

步骤 01 在ChatGPT的输入框中直接输入关键词"情感故事类软文"，ChatGPT会根据关键词生成部分情感故事类软文，如图6-20所示。可以看出，因为字数受限，导致软文内容出现中断。

图 6-20　ChatGPT 生成的部分情感故事类软文

步骤02 输入"继续"关键词，ChatGPT生成了完整的情感故事类软文，如图6-21所示。

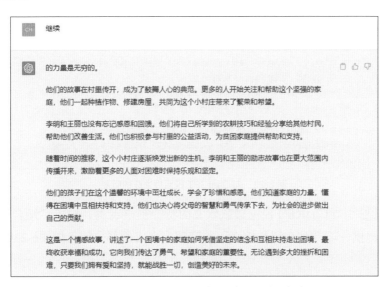

图 6-21　ChatGPT 生成的完整的情感故事类软文

6.3 AI爆款软文的打造方法

软文作为一种营销工具之一，最主要的作用是吸引更多受众的关注，而打造爆款软文便能够充分地发挥这一作用。运用ChatGPT来打造爆款软文，需要用户输入恰当的关键词，一步步引导ChatGPT给出所需的答案。下面以产品介绍类软文为例，介绍运用ChatGPT来打造爆款软文的操作方法。

扫码看教学视频

步骤 01 可以向ChatGPT提问，输入"爆款软文的特征有哪些"关键词，ChatGPT生成的回复如图6-22所示。

> CH 爆款软文的特征有哪些
>
> 爆款软文是指在网络上迅速传播并引起广泛关注和共鸣的文章。以下是一些常见的爆款软文特征：
>
> 1. 引人入胜的标题：爆款软文通常具有吸引人的标题，能够引起读者的好奇心和兴趣，让人想要点击进去阅读。
> 2. 独特而有趣的内容：爆款软文通常提供独特、新颖或有趣的观点、故事或见解，能够引起读者的共鸣，并激发他们的情感或思考。
> 3. 简洁明了的结构：爆款软文往往采用简洁明了的结构，通过段落分明、重点突出的方式呈现内容，使读者能够快速理解和吸收信息。
> 4. 触动情感的元素：爆款软文通常运用情感元素，如感人的故事、励志的经历、幽默的插图等，能够引起读者的情感共鸣，增强阅读体验。

> 5. 实用性和分享价值：爆款软文提供有用的信息、实用的建议或有价值的观点，读者读完后愿意分享给他人，以分享的方式扩ław传播。
> 6. 引发争议或讨论的话题：爆款软文常常选择引发争议或讨论的话题，引起读者的注意和兴趣，并激发他们参与评论、转发或分享。
> 7. 强调可信度和来源：爆款软文通常注重可信度和来源的展示，包括引用专家观点、数据支持、研究结果等，以增加读者对文章的信任感。
> 8. 合适的推广和传播渠道：爆款软文需要选择合适的推广和传播渠道，如社交媒体平台、新闻网站、论坛等，以确保文章能够被大量用户看到和分享。
>
> 需要注意的是，爆款软文并非一定要同时拥有以上所有特征，但它们通常具备其中的一些，能够在网络上迅速引起热议和传播。此外，成功的爆款软文也需要适应时事热点、目标受众等因素，因此具体特征可能因文章类型和传播环境而异。

图 6-22　向 ChatGPT 提问后生成的回复

步骤 02 引导ChatGPT根据爆款软文的特征提供示例，输入"结合爆款软文的特征，提供一篇产品介绍类软文"关键词，生成的部分回复如图6-23所示。

结合爆款软文的特征，提供一篇产品介绍类软文

标题：解锁你的无线音乐新时代——XYZ耳机产品介绍

正文：
在快节奏的现代生活中，音乐是我们放松、享受的重要方式之一。而为了让你在任何时间、任何地方都能畅快地沉浸在音乐的世界中，我们为你带来了一款革命性的产品——XYZ无线耳机。

1. 音质卓越，舒适无比
XYZ无线耳机采用了最先进的音频技术，带给你出色的音质体验。高保真的音频输出让你能够聆听到音乐中细微的音符，感受到纯粹、逼真的音乐表现力。同时，人体工学设计的耳机外观和柔软的耳塞，确保了长时间佩戴的舒适性，让你沉浸在音乐中无任何负担。
2. 真正无线，自由畅享
告别纠缠的线缆，XYZ无线耳机为你带来真正的无线自由。无需担心线材缠绕、受限于距离，你可以在家中、户外、运动时，自由地享受音乐的美妙。稳定可靠的蓝牙连接，让你在最大范围内畅快地漫步，感受无拘束的音乐旅程。
3. 智能操控，简单易用
XYZ无线耳机配备了智能触控面板，让你能够轻松控制音乐播放、音量调节以及接听电话等操作。无需取出手机，只需轻触耳机，即可实现各种功能，让你专注于音乐，享受便捷的操控体验。

4. 长续航，不间断
XYZ无线耳机内置高容量电池，为你带来长达XX小时的续航时间。无论是长途旅行、工作学习还是户外活动，你都能够拥有持久的音乐陪伴。同时，搭配充电盒，更可实现多次充电，让你无忧无虑地享受音乐，无时无刻都畅快自在。
5. 时尚外观，个性展示
XYZ无线耳机拥有精致时尚的外观设计，多种颜色搭配可供选择。无论是日常搭配还是运动时尚，它都能完美融入你的风格，展现你的个性与

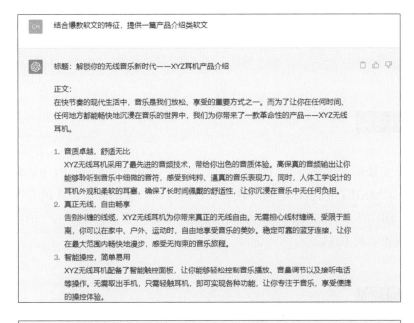

图 6-23　ChatGPT 根据爆款软文的特征生成的部分软文

步骤03 在同一窗口中输入“继续”关键词，ChatGPT会生成完整的爆款软文，如图6-24所示。

继续

品味。精心打磨的外壳质感，结合简约而不失细节的设计，让XYZ无线耳机成为你时尚生活中的亮点。

不论你是音乐爱好者、运动健将还是热衷于时尚的人群，XYZ无线耳机都将成为你不可或缺的伙伴。它将解放你的身心，让你随时随地享受纯粹、逼真的音乐体验。

现在就点击下方链接，了解更多关于XYZ无线耳机的信息，并迈向无线音乐新时代！

（在此处插入产品链接或购买页面的相关信息）

注：此篇软文结合了爆款软文的特征，采用吸引人的标题，突出产品的特点和优势，同时强调实用性和用户体验。另外，文章也注重了情感共鸣和分享价值，旨在引发读者的兴趣和参与，并通过引人入胜的描述让读者产生购买欲望。

图 6-24　ChatGPT 根据爆款软文的特征生成完整的软文

用户在获得ChatGPT提供的软文后，还可以复制粘贴至易撰内容检测平台，运用其平台的"爆文分析"功能进行爆款软文检测，让软文的内容更容易达到目的。

本章小结

本章主要向读者介绍了AI软文的生成方法，通过介绍ChatGPT生成软文的流程、演示ChatGPT生成7种不同的软文和打造爆款软文的方法，让读者进一步熟练运用ChatGPT来生成文案。望读者在阅读完本章内容后，根据书中的步骤多实践，以真正掌握方法。

课后习题

鉴于本章知识的重要性，为了帮助读者更好地掌握所学知识，本节将通过课后习题，帮助读者进行简单的知识回顾和补充。

1. 输入你感兴趣的话题，尝试让ChatGPT生成一篇事件评论类软文。

2. 让ChatGPT充当记者，与ChatGPT对话并引导其生成一篇人物专访类软文。

第 7 章

电商类文案：用 AI 描述产品卖点

本章要点

电商类文案是常见的文案类型，主要是指用文案的手段将产品的卖点给呈现出来。电商类文案分为主图文案、详情页文案、品牌文案、销售文案、商品海报文案等多种类型。本章将介绍运用 ChatGPT 生成不同类型的电商类文案的方法。

7.1 主图文案

扫码看教学视频

在电商领域中，主图文案是指在产品展示页面上显示的主图旁边的文字描述，示例如图7-1所示。主图文案通常用于吸引用户的注意力并传达产品的关键信息。它的目的是吸引潜在买家，并概述产品的特点、功能或优势，从而促使他们进一步了解并购买该产品。

图 7-1　主图文案示例

运用ChatGPT可以快速生成主图文案，具体的操作方法如下。

步骤01 在ChatGPT的输入框中输入主图文案的信息，如输入"主图文案是指在产品展示页面上显示的主要图片旁边的文字描述，请生成5种不同的主图文案"关键词，如图7-2所示，让ChatGPT建立关于主图文案的对话背景。

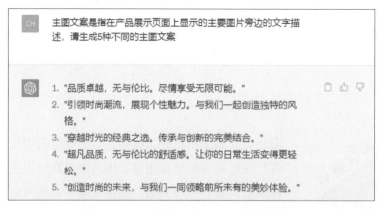

图 7-2　输入主图文案信息后 ChatGPT 的回复

步骤02 输入具体的需求，如输入"用markdown语言生成图片，×××（此处为图片链接），并提供关于图片的主图文案"关键词，生成的回复如图7-3所示。可以看到，ChatGPT根据图片链接将图片识别了出来，并且根据图片的色调、氛围等生成了主图文案，但是文案不够贴切。

用markdown语言生成图片，http://img3m3.ddimg.cn/ ████ jpg，并提供关于图片的主图文案

主图文案：

"品味艺术的绝佳选择。《时尚艺术之旅：穿越时空的美学探索》带您领略无限创意与精湛工艺的奇妙世界。尽情享受独特的视觉盛宴，感受艺术的力量与魅力。"

以下是使用Markdown语言生成图片并提供主图文案的示例：

图 7-3　ChatGPT 生成的主图文案

步骤03 继续输入需求，如输入"为图片中的《无人机短视频拍摄与后期教程》这本书提供主图文案"关键词，生成的回复如图7-4所示，让ChatGPT生成更为准确和有效的主图文案。

主图文案：

"畅游天空，创造无限可能！《无人机短视频拍摄与后期教程》带您探索无人机摄影的奇妙世界。从拍摄到后期处理，掌握专业技巧，创作令人惊叹的短视频作品。释放创意，展现您的飞行艺术！"

图 7-4　ChatGPT 生成的更为准确和有效的主图文案

用户也可以在编写ChatGPT关键词的时候，将所要生成文案的主图信息以文字的形式提供给ChatGPT，以确保ChatGPT快速生成有效的主图文案。

7.2 详情页文案

详情页文案是对电商产品的具体功能、设计特点、规格包装、使用说明、注意事项等详细信息的描述。详情页文案一般是图文并茂的，且图片有一定的美感，语言高度凝练，起到激发受众对产品或服务的兴趣的作用。图7-5所示为详情页文案示例。

扫码看教学视频

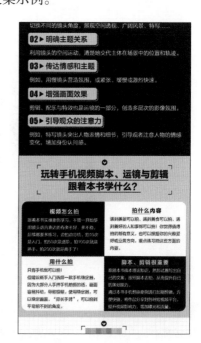

图 7-5　详情页文案示例

运用ChatGPT生成详情页文案，可以先让ChatGPT生成详情页文案的示例，再让ChatGPT生成真正所需的文案。

步骤 01 在ChatGPT输入框中输入带有详情页文案的关键词，如输入"提供详情页文案示例"关键词，生成的回复如图7-6所示，让ChatGPT建立对话前提。

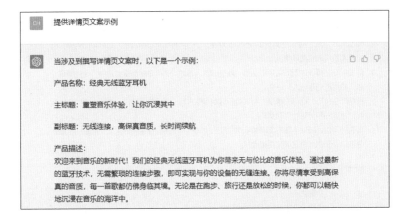

图 7-6　ChatGPT 生成的详情页文案示例

步骤02 输入具体的需求，如输入"模仿上述示例，提供《人像摄影构图、摆姿、后期调色108招》这本书的详情页文案"关键词，生成的回复如图7-7所示。

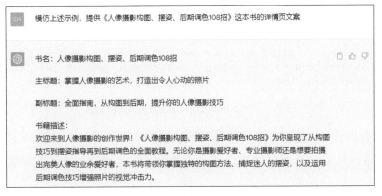

图 7-7

主要特点：

1. 构图艺术：深入剖析人像摄影中的构图原理，让你了解如何运用线条、对称和比例来打造出令人赞叹的构图效果。
2. 摆姿指导：提供详细的指导和示范，教授拍摄人像时如何引导模特摆出自然、优雅的姿势，捕捉他们最迷人的一面。
3. 后期调色技巧：介绍人像摄影中常用的后期调色方法，包括色彩校正、美肤处理和光影增强，让你的照片更加生动鲜明。
4. 实例与案例：提供丰富的实例和案例，展示成功的人像摄影作品中的构图、摆姿和后期调色运用，让你从中获得灵感和启示。

内容概要：

- 第一部分：构图艺术
  - 探索人像摄影中的构图要素和原则
  - 学习如何利用线条、对称和空间感创造吸引人的画面
- 第二部分：摆姿指导
  - 分析摄影师与模特的互动，掌握摆姿的指导技巧
  - 帮助模特放松自然，摆出优美、生动的姿势

- 第二部分：摆姿指导
  - 分析摄影师与模特的互动，掌握摆姿的指导技巧
  - 帮助模特放松自然，摆出优美、生动的姿势
- 第三部分：后期调色技巧
  - 学习色彩校正、对比度调整和色彩分离等后期调色方法
  - 掌握美肤处理、光影增强和色彩调和的技巧
- 第四部分：实例与案例分析
  - 分析成功的人像摄影作品中的构图、摆姿和后期调色运用
  - 提供实例和案例，帮助你在实践中掌握所学技巧，并创作出个人风格独特的人像照片

购买保证：
我们提供全面的购买保证，如果您对《人像摄影构图、摆姿、后期调色108招》有任何问题或不满意之处，请在购买后的30天内联系我们的客户服务团队。我们将竭诚解决您的问题，提供退款或其他形式的支持。我们相信本书将成为您在人像摄影创作道路上的重要伴侣。

读者评价：
"这本书对于想要提升人像摄影技巧的我来说非常有帮助。它详细讲解了构图原理和摆姿指导，还提供了实用的后期调色技巧。我学到了很多新的知识和技巧，我的人像照片质量得到了明显的提升。非常感谢作者的分享！"-读者A

"这本书的案例分析非常精彩！通过分析成功的人像摄影作品，我学到了很多关于构图、摆姿和后期调色的技巧和方法。书中的指导非常实用，让我更有自信地拍摄人像照片，并在后期处理中加以优化。强烈推荐给所有对人像摄影感兴趣的人！"-读者B

图 7-7　ChatGPT 生成满足需求的详情页文案

可以看出，ChatGPT按照我们输入的关键词和详情页文案的特征生成了满足我们需求的回复，针对书这类产品，还加入了读者评价，让详情页文案更具说服力。

7.3 品牌文案

扫码看教学视频

品牌文案是一种借宣传企业的品牌来促进商品销售的电商文案。这类文案主要以宣传品牌为主，让受众了解并认可品牌，从而主动购买该品牌下的产品或服务。例如，热门的短视频平台——抖音，其品牌文案是"记录美好生活"，采用简短、有记忆点的标语既概括了抖音的功能和特点，又可以起到呼吁受众使用抖音的作用。

运用ChatGPT生成品牌文案，第一种方法是直接向ChatGPT描述品牌的详细信息，让ChatGPT根据品牌信息生成文案；第二种方法是让ChatGPT先设计出一个品牌，再为这个品牌提供宣传文案。下面以第二种方法为例介绍详细的操作步骤。

步骤01 赋予ChatGPT一定的身份，让其自创一个品牌，如输入"你是创业者，打算创建一个专门销售有机农产品的品牌，生成你的品牌信息"关键词，生成的回复如图7-8所示。

CH 你是创业者，打算创建一个专门销售有机农产品的品牌，生成你的品牌信息

品牌名称：Pure Harvest

品牌口号：自然的恩赐，纯净的收获

品牌理念：我们致力于为消费者提供新鲜、健康、有机的农产品，以促进人们健康生活方式的转变。我们坚信，通过尊重大自然的节奏，倡导可持续农业实践，我们可以创造出高品质、绿色环保的农产品，为人们的身心健康作出积极贡献。

产品特点：

1. 有机认证：我们的农产品全部经过有机认证，不使用化学肥料、农药或基因改造技术，确保产品的纯净和无污染。
2. 新鲜采摘：我们在最佳采摘时间手工采摘农产品，以确保产品的新鲜度和口感。
3. 可追溯性：我们提供产品的溯源信息，消费者可以追踪产品的种植、采摘、加工等全过程，增加消费者对产品的信任。
4. 多样选择：我们提供各种有机农产品，包括新鲜水果、蔬菜、谷物、禽蛋、乳制品等，以满足消费者的不同需求。

品牌形象：

1. 标志：我们的品牌标志以自然元素为主题，如树叶、果实等，代表着自然与健康的理念。
2. 包装：我们使用环保包装材料，注重简约而精美的设计，以凸显产品的高品质和纯净度。
3. 传播渠道：我们通过线上线下渠道进行销售，包括电子商务平台、有机农产品市场和合作零售商，以便消费者更便捷地购买我们的产品。

图 7-8

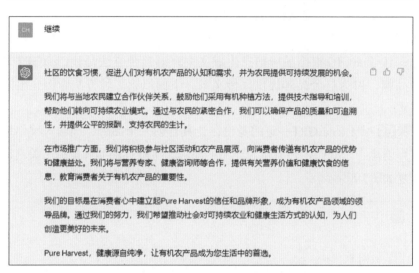

图 7-8　ChatGPT 生成的自创品牌信息

步骤 02 让ChatGPT根据所生成的品牌信息，提供品牌文案，如输入"为你的品牌生成品牌文案进行推广，要求语言简洁、有吸引力"关键词，ChatGPT生成的回复如图7-9所示。

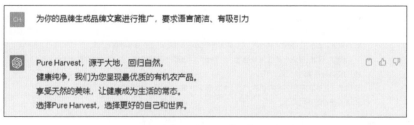

图 7-9　ChatGPT 生成的品牌文案

7.4 销售文案

扫码看教学视频

销售文案是一种用于促销和推销产品、服务或想法的文字内容。它旨在吸引潜在客户的兴趣，建立与客户的连接，并最终促使他们采取购买行动。销售文案通常在广告、销售页面、产品描述、宣传资料、推广邮件和社交媒体帖子等营销材料中使用。

用户运用ChatGPT生成销售文案，可以向ChatGPT提供具体的实例，让ChatGPT根据实例生成所需的文案，具体的操作步骤介绍如下。

步骤01 向ChatGPT提供具体的实例，如输入"小红书平台中的销售文案通常是'我试用了这款护肤品，简直是太神奇了！''如果你也是一个爱好旅行的人，这个背包绝对是你的理想之选。'请分析这类文案的特点"关键词，得到的回复如图7-10所示，让ChatGPT通过分析销售文案实例，来熟悉销售文案。

> **CH** 小红书平台中的销售文案通常是"我试用了这款护肤品，简直是太神奇了！""如果你也是一个爱好旅行的人，这个背包绝对是你的理想之选。"，请分析这类文案的特点
>
> 这类销售文案在小红书平台中具有以下特点：
>
> 1. 强调个人体验：文案作者通常会以第一人称形式描述自己的试用体验或感受。这种个人化的描述能够让读者更容易产生共鸣，因为他们可以将自己代入作者的角色，想象自己使用该产品或享受相关的体验。
> 2. 利用情绪化语言：文案通常使用形容词或感叹词来强调产品的优点和效果。通过使用诸如"太神奇了"、"理想之选"等形容词，文案试图唤起读者的情感，使其对产品产生强烈的好奇心和欲望。
> 3. 带有主观性和推荐性：这类文案往往具有明显的主观色彩，作者通常表达对产品的积极评价，并建议读者购买或尝试。通过这种方式，文案试图建立起读者与作者之间的信任关系，使读者更有可能对产品产生兴趣。
> 4. 简明扼要：这类文案通常采用简短的句子和简洁的表达方式，以便在有限的阅读时间内吸引读者的注意力。这样的文案形式适合在社交媒体平台上阅读和分享，因为读者通常对短小精悍的内容更感兴趣。
>
> 总的来说，这类销售文案在小红书平台中旨在通过个人化的体验描述、情绪化的语言、主观推荐和简明扼要的表达方式来吸引读者的兴趣和关注。这种文案形式利用了人们的情感和社交需求，试图激发读者对产品的购买意愿。

图 7-10　提供具体的实例后得到的回复

步骤02 让ChatGPT模仿实例，生成所需的销售文案，如输入"模仿上述销售文案的写法，生成宣传三明治的销售文案"关键词，生成的回复如图7-11所示。

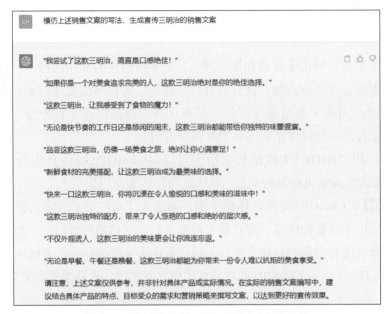

图 7-11　ChatGPT 通过模仿实例生成的销售文案

由ChatGPT的回复可知，用户提供更加有吸引力的实例和具体的产品描述，会让ChatGPT生成的销售文案更为准确和高效。

7.5　商品海报文案

商品海报文案类似于主图文案，是用于图片中对产品进行描述的文字说明。但相比于主图文案，商品海报文案中包含的要素会更多，通常包括一个引人注目的标题、简要的产品描述、促销信息、商家的联系方式、呼吁受众采取行动的话语等。

扫码看教学视频

用户运用ChatGPT生成商品海报文案，可以先让ChatGPT生成一份商品促销活动计划，然后让其根据活动计划生成商品海报文案，注意提供具体的产品信息提示。本节将介绍运用ChatGPT生成商品海报文案的操作步骤。

步骤01 让ChatGPT生成一份商品促销活动计划，如输入"你现在是一位专业的活动企划，请生成巧克力促销活动计划清单，包括重要任务和截止日期。"关键词，生成的回复如图7-12所示。

步骤02 让ChatGPT根据活动计划生成商品海报文案，如输入"根据上述活动计划，生成用于宣传海报中的文案"关键词，生成的回复如图7-13所示。

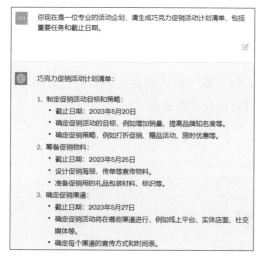

图 7-12 ChatGPT 生成的商品促销活动计划

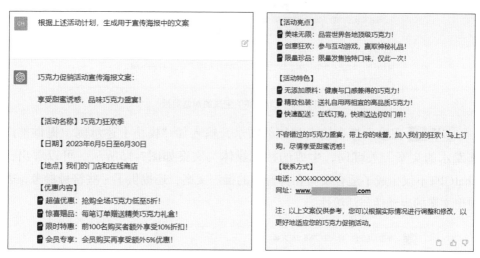

图 7-13 ChatGPT 生成的商品海报文案

7.6 社交媒体文案

　　社交媒体类文案是指在各类社交媒体上发布的关于产品的推广文字内容。这类文案通常运用简洁的文字、有吸引力的语言来吸引受众的关注，促使他们购买产品。有些社交媒体类文案中也会加入吸引受众点击的链接或参与互动的元素，最大限度地让受众产生购买兴趣。

扫码看教学视频

社交媒体类文案的应用场景很广，包括微信、QQ、微博、头条号、豆瓣、知乎、抖音、快手、西瓜视频等自媒体平台。本节将介绍运用ChatGPT生成适合在抖音发布的社交媒体类文案的操作步骤。

步骤01 向ChatGPT输入对话前提，输入如"提供抖音文案示例"关键词，生成的回复如图7-14所示，测试ChatGPT对抖音文案是否了解。

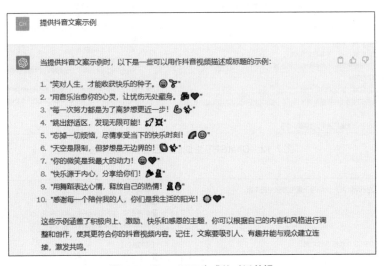

图 7-14 ChatGPT 生成的对话前提

步骤02 在输入框中输入具体的需求，输入如"模仿上述示例，提供推广洗发水的文案"关键词，生成的社交媒体类文案如图7-15所示。可以看出，ChatGPT不仅生成了适合发布在抖音上的推广文案，还提供了一些符号参考，表现出文案的生动性与活泼性。

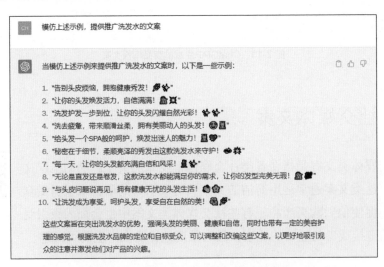

图 7-15 ChatGPT 生成的社交媒体类文案

7.7 用户评价文案

用户评价文案是基于用户的反馈和体验，用于证明产品质量和价值的文字说明。这类文案从相对客观的角度来描述产品的卖点，能够提高受众对产品质量和价值的可信度，从而激发受众的购买需求。

扫码看教学视频

在电商领域，因产品的不可触摸性，使得用户评价文案是受众确定购买产品决策的重要依据，因此商家对用户评价文案会格外重视。用户运用ChatGPT可以生成作为消费者的用户评价文案的参考，也可以生成作为商家对用户评价文案的回复。本节将具体介绍运用ChatGPT生成用户评价文案的操作方法。

步骤01 赋予ChatGPT以身份，如输入"你是一位买家，点外卖点到了一份很好吃的香干肉丝饭，打算给卖家一个好评，请生成好评文案。"关键词，生成的回复如图7-16所示。可以看出，ChatGPT根据对关键词的理解，以写信的方式生成了较大篇幅的好评文案，虽然正式且有礼貌，但是应用场景不多。

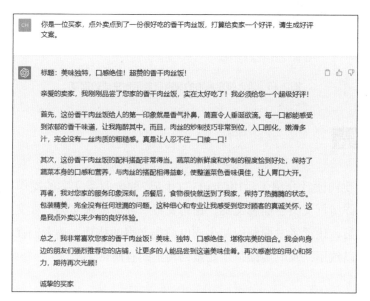

图 7-16 赋予 ChatGPT 以身份后生成的回复

步骤02 可以输入特定风格的好评示例，让ChatGPT进行模仿，如输入"模仿'第一次点，没想到这么好吃，包装精良，味道超赞，能看出来商家真的是用心做的！'这类文案，生成称赞香干肉丝饭的文案，字数在50字以内"关键词，生成的回复如图7-17所示。可以看出，ChatGPT的语言风格有所改变，生成的好评文案更大众化和具有普适性了。

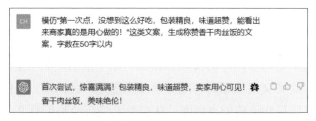

图 7-17　输入特定风格的好评示例后生成的回复

步骤03 还可以输入特定风格的卖家回复示例，让ChatGPT进行模仿，如输入"你作为一个卖家，现在需要对上述评价进行回复，请模仿以下风格进行回复。回复示例：'感谢亲的鼓励与支持，我们将一如既往地为您提供优质的服务，期待再次光临！'"关键词，生成的回复如图7-18所示。

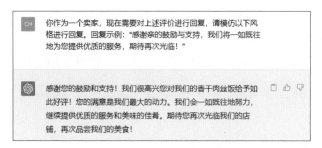

图 7-18　输入特定风格的卖家回复示例生成的回复

本章小结

　　本章主要向读者介绍了运用ChatGPT生成7种电商类文案的操作方法，包括主图文案、详情页文案、品牌文案、销售文案、商品海报文案、社交媒体文案和用户评价文案，让读者掌握利用AI生成电商类文案的技巧。读者们在学完本章内容后，应学以致用，及时实操，才能做到真正的有所得。

课后习题

　　鉴于本章知识的重要性，为了帮助读者更好地掌握所学知识，本节将通过课后习题，帮助读者进行简单的知识回顾和补充。

　　1. 尝试直接输入品牌信息，让ChatGPT生成品牌文案。

　　2. 尝试让ChatGPT生成适合在快手上发布的推广文案。

第 8 章

新媒体文案：用 AI 锻炼写作高手

新媒体文案是指在新媒体平台上用于推广、营销或传播的文字内容。这类文案是一种常见的广告形式，应互联网和数字传媒技术的发展而产生，且应用越来越广泛。本章将介绍运用 ChatGPT 生成不同类型的新媒体文案的方法。

8.1 公众号文案

扫码看教学视频

公众号文案是新媒体文案的重要代表，主要是指发布于微信公众平台上的软文，带有文章的结构和作用，发挥着营销推广、价值传递、行动引导等作用。这类文案最主要的特征是富有互动性，鼓励受众参与互动，以增强受众的黏性。

公众号文案因其作用和内容的不同，可以分为以下几种类型，如图8-1所示。

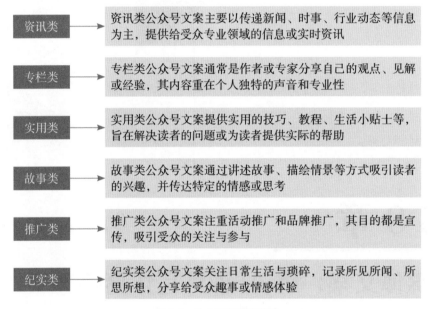

资讯类	资讯类公众号文案主要以传递新闻、时事、行业动态等信息为主，提供给受众专业领域的信息或实时资讯
专栏类	专栏类公众号文案通常是作者或专家分享自己的观点、见解或经验，其内容重在个人独特的声音和专业性
实用类	实用类公众号文案提供实用的技巧、教程、生活小贴士等，旨在解决读者的问题或为读者提供实际的帮助
故事类	故事类公众号文案通过讲述故事、描绘情景等方式吸引读者的兴趣，并传达特定的情感或思考
推广类	推广类公众号文案注重活动推广和品牌推广，其目的都是宣传，吸引受众的关注与参与
纪实类	纪实类公众号文案关注日常生活与琐碎，记录所见所闻、所思所想，分享给受众趣事或情感体验

图 8-1　公众号文案的类型

这些不同类型的公众号文案并不是相互独立的，可以结合多种类型进行创作，以满足读者的不同需求和兴趣。同时，文案类型的选择也要根据公众号的定位、受众群体和目标来确定。

用户在运用ChatGPT生成公众号文案时，可以根据公众号文案的不同类型来提炼和编写关键词，从而提高ChatGPT生成公众号文案的有效性和准确性。本节将以运用ChatGPT生成故事类公众号文案为例来介绍操作方法。

步骤01 在ChatGPT的输入框中输入对话前提，如输入"一篇完整的公众号文案需要具备哪些要素？"关键词，让ChatGPT建立关于公众号文案的知识背景，生成的回复如图8-2所示。

CH　一篇完整的公众号文案需要具备哪些要素？

一篇完整的公众号文案需要具备以下要素：

1. 吸引人的标题：一个引人入胜的标题是吸引读者点击文章的第一步。标题应该简洁明了，具有独特性和吸引力，能够激发读者的好奇心。
2. 引言：引言是文章开头的一段文字，用于吸引读者的注意力并引起他们的兴趣。引言应该能够简洁明了地概括文章的主要内容，并以引人入胜的方式展示文章的核心信息。
3. 主体内容：主体内容是文章的核心部分，包括详细的信息、故事、观点或实用的建议。主体内容应该具有逻辑性和连贯性，可以通过分段或标题来组织内容，使读者易于阅读和理解。
4. 图片或视觉元素：适当插入一些图片或视觉元素可以增强文章的可读性和吸引力。图片可以用于解释概念、展示产品或提供相关的视觉引导，使文章更加生动有趣。

5. 互动和参与：公众号文案可以通过引发读者的互动和参与来增加粉丝的参与度和留存率。例如，可以设置问题、征集读者的意见或提供互动环节，鼓励读者在评论中分享自己的看法和经验。
6. 结尾总结：在文章的结尾，可以通过总结主要观点或提供行动建议来给读者一个整体的印象。结尾部分也可以包括鼓励读者分享文章、关注公众号或进行其他相关操作的呼吁。
7. 清晰的格式和排版：良好的格式和排版可以使文章更易于阅读和理解。使用适当的标题、段落、标点符号和空白间隔来使文案整洁有序。
8. 温暖的语气和个性化：公众号文案可以有一种温暖、亲切的语气，与读者建立连接。根据公众号的品牌形象和受众群体，可以采用不同的语气和风格，使读者感到亲近和受到关注。

总体而言，一篇完整的公众号文案需要具备吸引读者、提供有用信息、增加互动和参与度的要素，同时注意清晰的格式和个性化的语气，以提供良好的阅读体验和留下积极的印象。

图 8-2　ChatGPT 根据对话前提生成的回复

步骤02 提供给ChatGPT种子词，如输入"根据种子词生成一篇故事类公众号文案，use a temperature of 1，种子词有海边、晚霞、渔民和脚丫"关键词，让ChatGPT根据我们所给的关键词生成相应的文案，如图8-3所示。

根据种子词生成一篇故事类公众号文案，use a temperature of 1，种子词有海边、晚霞、渔民和脚丫

标题：《海边晚霞，渔民的足迹》

引言：黄昏时分，海边的天空染上了一抹绚烂的晚霞，宛如一幅美丽的画卷展开。在这个宁静而神秘的时刻，一群勇敢的渔民正为了家人的温暖，踏上了他们辛勤的捕鱼之旅。

主体内容：这个故事发生在一个小渔村的海边，渔民们过着与海为伴的日子。每天清晨，当第一缕阳光洒在大海上时，渔民们便纷纷踏上他们的渔船，驶向深海。他们的脸上洋溢着自信和期待，因为他们知道，海洋是他们的家园，也是他们赖以生存的摇篮。

在海上的航行中，渔民们辛勤地投掷渔网，耐心地等待鱼群的到来。他们的脚丫踩踏在稳定的甲板上，舞动着与海浪共舞的节奏。有时，他们会面对汹涌的风浪，但他们从不退缩，坚定地面对挑战，因为他们深知，只有付出才能有所收获。

渔民们的晚霞之旅并不只是关于捕鱼，而更是关于勇气、坚持和家庭的故事。他们知道，回家的港湾，等待着他们的是温暖的笑容和温馨的家庭。他们的努力不仅是为了自己，更是为了给亲人带来美好的生活。

结尾总结：当夜幕降临，晚霞渐渐消散，渔民们驾驶着渔船回到了港湾。他们满载而归，脚丫沾满了海水和沙粒，但内心充满了满足和骄傲。他们是海洋的勇士，也是家庭的守护者。无论风浪如何，他们总能坚定地踏上海洋，追逐梦想的轨迹。

感谢你阅读《海边晚霞，渔民的足迹》。让我们一起向这些平凡而伟大的渔民们致敬，他们以脚丫印在沙滩上的坚持，书写着

继续

他们的无畏传奇。无论是在烈日炎炎的夏天，还是在寒风凛冽的冬季，他们始终坚守着海洋的岗位，为了海鲜的美味和家人的幸福。

让我们在每个黄昏的时刻，注视着海边晚霞的美丽，感受渔民们脚丫所踏过的辛勤和奉献。他们的故事不仅仅发生在这个渔村，而是海洋与人类之间永恒的情感交融。

当你再次踏上海滩，留意那些残留在沙滩上的脚印，它们是渔民们辛勤的见证，也是他们勇敢追逐梦想的印记。愿这个故事带给你温暖和感动，激发你对勇气和坚持的敬佩，让我们一同珍惜大海的恩赐和每个平凡而伟大的渔民的付出。

温馨提示：关注我们的公众号，探索更多令人心动的故事和感人的人物。感谢你的阅读与支持！

温暖的祝福，
xxxx公众号

图 8-3　ChatGPT 根据种子词生成的故事类公众号文案

8.2 小红书文案

小红书文案是指发布于小红书平台上的文字内容。小红书是热门的新媒体平台之一，能够满足受众分享好物、记录日常的需求。在小红书平台上，用户可以以图文或视频的形式来分享或记录，因此小红书文案在新媒体文案中占有重要的地位。

扫码看教学视频

用户可以运用ChatGPT生成小红书文案，具体的操作方法如下。

步骤01 在ChatGPT的输入框中输入对话前提，如输入"你知道小红书吗"关键词，生成的回复如图8-4所示，确保ChatGPT了解小红书。

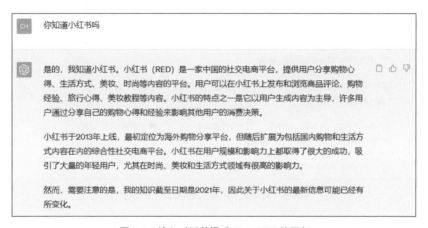

图 8-4 输入对话前提后 ChatGPT 的回复

步骤02 在输入框中继续输入"用小红书的文案风格写一篇100字的文章"关键词，生成的回复如图8-5所示，验证ChatGPT对小红书的内容风格是否了解。

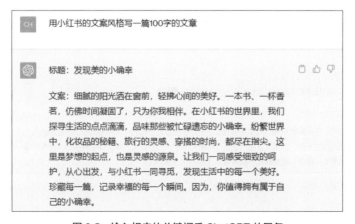

图 8-5 输入相应的关键词后 ChatGPT 的回复

步骤 03 对ChatGPT生成的文章进行矫正，让其更符合小红书的文案风格，输入如"标题需要更符合网络传播特性，用更活泼可爱的语气，每个段落都添加合适的emoji，最后再添加tag标签"关键词，生成的回复如图8-6所示。

图 8-6 矫正文案风格后 ChatGPT 的回复

步骤 04 让ChatGPT生成正式的小红书文案，输入如"请以小红书的风格写一篇300～500字的文章，主题为'我做好的长沙旅游攻略'，内容包括：开篇介绍、推荐的长沙打卡景点和推荐原因，结尾要与用户进行互动"关键词，生成的回复如图8-7所示。

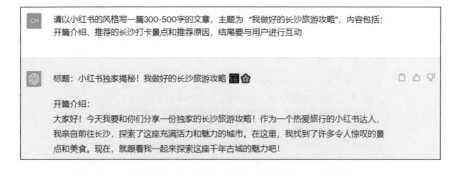

推荐的长沙打卡景点和推荐原因：

1. 橘子洲头 🍊：作为长沙的标志性景点之一，橘子洲头位于湘江之畔，以美丽的风景和浓厚的历史文化闻名。这里不仅有壮丽的江景和独特的桥梁建筑，还有悠久的历史和传统文化。不妨在这里漫步，感受湘江的浩渺和悠久的历史沉淀。
2. 岳麓山 🏔：作为湖南的象征，岳麓山是长沙的一颗明珠。这里有壮丽的山景、古老的寺庙和丰富的文化底蕴。可以乘坐缆车往返山顶，欣赏湖南的美景，还可以参观岳麓书院和岳麓山博物馆，感受浓厚的文化氛围。
3. 橘子洲公园 🌳：这座城市的绿肺，橘子洲公园是一个宜人的休闲场所。在这里，你可以漫步在湖边的林荫道上，欣赏湖水倒映的美景。此外，公园内还有丰富的娱乐设施和游乐项目，适合全家人一起享受欢乐时光。

结尾互动：
长沙是一个充满魅力和活力的城市，每一次的探索都带给我无尽的惊喜。你有没有计划去长沙旅行呢？如果是的话，我希望我的攻略对你有所帮助！请在评论区分享你最期待的景点或者你的长沙旅行计划吧！我们一起交流，为旅行增添更多乐趣！🪄💬

图 8-7　ChatGPT 生成的小红书文案

步骤 05 可以对不合适的内容进行修改，提出修改要求后ChatGPT生成的回复如图8-8和图8-9所示。可以看出，ChatGPT按照要求生成了接近小红书文案风格的内容，增加了小红书文案的参考价值。

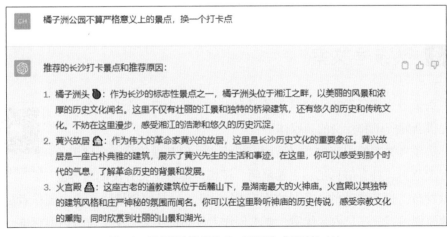

图 8-8　提出修改要求后 ChatGPT 生成的回复（1）

> CH　推荐景点没问题了，修改以下内容：1、以痛点为开头；2、用更俏皮可爱的语言进行表述

> 标题：长沙攻略，告别无聊旅行！🌿🌿
>
> 开篇介绍：
> 旅行，本应是充满惊喜和欢乐的，但有时候却陷入了无聊的行程安排和老套的旅游路线。但别担心，我来救你！今天，我要分享一份独家的长沙旅游攻略，让你告别无聊的旅行，迎接一场令人难忘的冒险！🚀🌏
>
> 痛点开头：
> 累了吗？你已经厌倦了那些拥挤的景点和平庸的风景吗？没关系，我来教你怎样玩转长沙，享受独一无二的乐趣！准备好了吗？让我们开始吧！✨🙌

> 推荐的长沙打卡景点和推荐原因：
>
> 1. 橘子洲头，船上开party！🛥️🎉：橘子洲头不仅有美丽的江景和古老的桥梁，还有那让人欲罢不能的夜最派对！租一艘船，在湘江上畅游，尽情跳舞，享受与朋友们一起的欢乐时光！
> 2. 黄兴故居，穿越时光机！📷🏛️：来到黄兴故居，就像穿越到过去！在这座古朴典雅的建筑里，你可以感受到历史的脉动，了解伟大革命家的事迹，别忘了拍下一张穿越时空的照片，留作纪念哦！
> 3. 火宫殿，打卡最火的神秘寺庙！🔥🙏：火宫殿不仅是湖南最大的火神庙，还是个充满神秘氛围的打卡圣地！在这里，你可以感受到宗教的神奇力量，欣赏山景的壮丽，还可以为自己的Instagram账号添加一张别具风情的照片！
>
> 结尾互动：
> 各位冒险家们，长沙的独特魅力等待着你们的探索！我相信这份攻略会让你们的旅行充满刺激和欢乐！现在，轮到你们了！请在评论区分享你最期待的景点或者你的长沙旅行计划吧！让我们一起交流，为彼此的旅行增添更多惊喜和乐趣吧！💬👏

图 8-9　提出修改要求后 ChatGPT 生成的回复（2）

8.3　头条号文案

　　头条号文案是发布于今日头条平台上的文字内容。今日头条是一个提供新闻资讯和社交的新媒体平台。

扫码看教学视频

　　头条号文案的内容主要以新闻资讯为主，但其他符合《今日头条社区规范》，且有信息量、主题鲜明、逻辑严谨或图文并茂的内容也可以发布。打造爆款的头条号文案有3个标准：一是原创性强，要求创作者尽可能地原创内容；二是内容优质，要求创作者发布的头条号文案符合内容标准，且能够给受众提供价值；三是垂直度高，要求创作者发布的内容专注于同一领域。

　　本节将介绍运用ChatGPT生成头条号文案的具体操作步骤。

步骤01 在ChatGPT的输入框中输入对话前提，如输入"你知道今日头条吗"关键词，生成的回复如图8-10所示，确保ChatGPT了解今日头条。

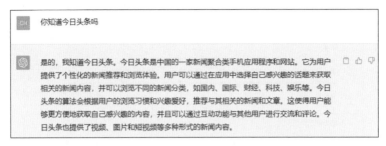

图 8-10 输入对话前提后 ChatGPT 的回复

步骤02 在输入框中输入"用今日头条的文案风格写一篇100字的文章"关键词，生成的回复如图8-11所示，确保ChatGPT了解今日头条的内容风格。

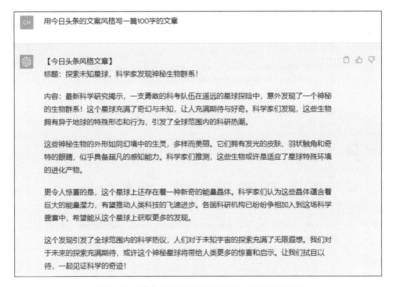

图 8-11 输入相应关键词后 ChatGPT 的回复

步骤03 让ChatGPT生成正式的今日头条文章，输入如"请以今日头条的文案风格写一篇300～500字的文章，主题为'摄影干货分享'，内容包括：吸引人的标题和开头、摄影技巧、结尾与受众互动"关键词，ChatGPT会生成头条号文案，如图8-12所示。

请以今日头条的文案风格写一篇300-500字的文章，主题为"摄影干货分享"，内容包括：吸引人的标题和开头、摄影技巧、结尾与受众互动

【摄影干货分享】
标题：揭秘摄影技巧，让你的照片更上一层楼！

开头：
你是否曾为自己的照片欠缺一些什么而苦恼？想要拍摄出吸引人眼球的作品，却总觉得差了那么一点点。别担心！今天，我们将揭秘一些我们独门摄影技巧，帮你提升照片的品质，让你的作品更上一层楼！无论你是摄影爱好者还是想要提升自己的手机摄影技能，本文都对你有所启发。

摄影技巧：

1. 点亮画面：充分利用光线是拍摄成功的关键。早晨和傍晚的柔和阳光是拍摄绝佳时机，创造出温暖的氛围。如果拍摄室内照片，利用灯光打造适合的氛围也是一个不错的选择。
2. 寻找独特角度：不要害怕尝试不同的拍摄角度。有时，从不寻常的角度拍摄可以带来令人惊喜的效果。蹲下、俯视或选择低角度，都能为你的照片增添新意。
3. 引导视线：使用线条、形状和颜色来引导观众的视线。让人眼自然流动的构图能够提高照片的吸引力。尝试利用路线、河流或建筑物等元素来引导视线，打造有趣的构图结构。

结尾与受众互动：
掌握这些摄影技巧，相信你已经为自己的照片带来了翻天覆地的变化！摄影是一门艺术，只有不断学习和实践，才能不断进步。现在就动起手来，利用这些技巧拍摄出令人惊叹的作品吧！

我们想听听你的摄影故事和成果。你可以在评论区分享你的照片，与其他摄影爱好者互动交流，相互学习和成长。也欢迎留言告诉我们你喜欢的摄影主题和想要了解的摄影技巧，我们将为你提供更多干货分享。

摄影是一门让人着迷的艺术，它能够记录下生活中的美好瞬间，让我们时刻感受到世界的

继续

多彩和魅力。无论你是专业摄影师还是刚刚入门的摄影爱好者，都可以通过不断学习和实践，探索摄影的奥秘，并用镜头捕捉生活中的美好。

摄影不仅是记录瞬间的工具，更是一种表达和传达情感的方式。每张照片都有自己的故事，每个摄影师都有自己的视角和风格。不论是摄影爱好者分享的作品，互相欣赏和鼓励，将会激发你的创造力和灵感，让你的摄影之路更加充实和有意义。

在这个数字化时代，摄影已经变得更加普及和便捷。只需要一部手机或一台相机，就可以随时随地记录下你眼中的美丽。不论是自然风光、人物肖像、街头纪实还是抽象艺术，每个主题都有无限的可能性等待你去探索。将你的摄影作品分享给世界，让更多人欣赏到你的才华和独特视角。

摄影是一门持续学习的艺术，它没有极限和止境。与摄影爱好者们一起成长，通过参加摄影展览、学习摄影课程或加入摄影俱乐部，你将能够结识志同道合的朋友，与他们分享经验和技巧。相互激发创作灵感，不断提高自己的摄影水平，让你的作品更具影响力和感染力。

无论你是想要专业发展摄影事业，还是只是纯粹享受摄影的乐趣，摄影干货的分享都将为你提供宝贵的参考和指导。记住，每一次点击快门都是一次机会，用心感受，用镜头记录，创造属于你自己的摄影作品。

让我们一起投入到摄影的世界中，分享你的摄影心得和成果，用照片传递美好和感动，与其他摄影爱好者一起成长和进步！在评论区留下你的摄影作品和心声，让我们一同探索摄影的奇妙之旅。

图 8-12　ChatGPT 生成的头条号文案

扫码看教学视频

8.4　大鱼号文案

　　大鱼号文案是指发布于大鱼号平台的文字内容。大鱼号是阿里大文娱旗下的内容创作平台，为创作者们提供内容创作、创作收益与原创保护等服务。

　　用户运用ChatGPT生成大鱼号文案，同样可以先确保ChatGPT了解大鱼号的文案写法，然后输入具体的需求进行提问。但当我们询问ChatGPT"是否知道大鱼号"时，会得到如图8-13所示的回复，因此我们需要为ChatGPT提供关于大鱼号的信息，再进行后续的提问，具体的操作方法如下。

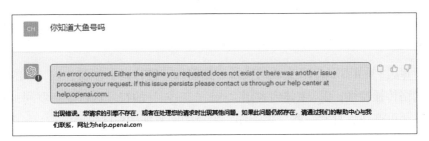

图 8-13　ChatGPT 对不了解的信息生成的回复

　　步骤01 新建一个对话窗口，在ChatGPT的输入框中输入对话前提，如输入"大鱼号是阿里大文娱旗下的内容创作平台，其内容风格与今日头条的风格类似，请提供一篇100字的大鱼号文章"关键词，生成的回复如图8-14所示。

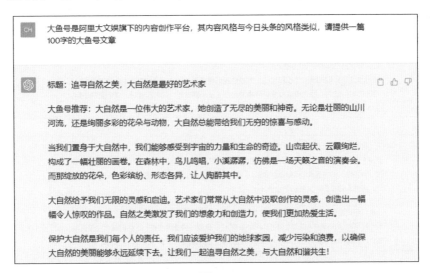

图 8-14

通过大鱼号，我们将不断分享关于大自然的故事、照片和视频，以展现她的神奇和美丽。让我们共同探索大自然的奥秘，感受她带给我们的美妙体验。让我们用心去感知大自然，让她的美丽和魅力永远留存在我们心中。

加入大鱼号，与我们一起追寻自然之美吧！让我们共同努力，传播保护大自然的意识，让更多的人了解和珍惜这个宝贵的礼物。让我们一同成为大自然的守护者，为未来的世代保留一片纯净的净土。

大自然是最好的艺术家，她给予我们无尽的惊喜和感动。让我们怀揣敬畏之心，走近大自然，感受她的美丽和力量。让我们一起呼吸大自然的气息，与她共舞。

CH 继续

让我们心灵与大自然相融，感受到宇宙的奥秘和生命的奇迹。在这个繁忙的世界中，让我们暂时放下手机和电脑，走进大自然的怀抱，重新与自然和谐相处。

图 8-14　输入对话前提后 ChatGPT 的回复

步骤 02 矫正ChatGPT生成的文章，如输入"进行以下修改：1、标题需要更符合网络传播特性；2、主体内容用'一、二、三'的符号进行要点罗列；3、语言风格要更亲切、日常一些"关键词，生成的回复如图8-15所示。

CH 进行以下修改：1、标题需要更符合网络传播特性；2、主体内容用"一、二、三"的符号进行要点罗列；3、语言风格要更亲切、日常一些

标题：探索大自然之美，放松心灵与自然相融

一、大自然的奇迹与魅力
大自然是一位绝妙的艺术家，她创造了无尽的美丽和神奇。山川河流、绚丽多彩的花朵与动物，每一处细节都令人惊叹不已。在大自然中，我们能够感受宇宙的力量和生命的奇迹，让心灵得到愉悦与激励。

二、与大自然和谐共处的重要性
大自然给予我们无限的灵感和启迪。她教会我们谦虚和敬畏，让我们珍惜生命的宝贵和自然资源的可持续性。我们应该以保护环境为己任，从小事做起，如节约能源、减少塑料使用，为大自然的健康发展贡献自己的力量。

三、每个人都是大自然的守护者
通过大鱼号，我们共同传递关于大自然的美丽和保护的信息。让更多的人了解大自然的重要性，激发他们的关爱和行动。我们可以从日常生活中开始，培养环保意识，参与环保志愿活动，与他人分享保护大自然的心得体会。

让我们与大自然融为一体，感受她的美丽和力量。放下繁忙的生活，走进大自然的怀抱，享受宁静与和谐。保护大自然，不仅是我们的责任，更是一种生活方式，让我们与大自然共同成长、创造和分享美好的故事。让我们一起探索大自然之美，放松心灵与自然相融。

图 8-15　矫正文案风格后 ChatGPT 的回复

步骤 03 让ChatGPT生成正式的大鱼号文案，如输入"请以大鱼号的文案风格写一篇300字的文章，主题为'实用的生活小技巧分享'，内容包括：有吸引力的开头；实用的小技巧分享，如沾到油的衣服怎么洗干净；结尾添加互动"关键词，生成的回复如图8-16所示。

请以大鱼号的文案风格写一篇300字的文章，主题为"实用的生活小技巧分享"，内容包括：有吸引力的开头；实用的小技巧分享，如沾到油的衣服怎么洗干净；结尾添加互动

标题：解锁生活小技巧，让生活更轻松！

开头：生活中总有一些小问题困扰着我们，比如沾到油的衣服该怎么洗干净？别担心！今天我们将分享一些实用的生活小技巧，让你轻松解决这些烦恼，让生活更加美好！

实用的小技巧一：清除油渍的神奇法宝
沾到油渍的衣服是个令人头疼的问题，但我们有个简单的小技巧可以帮你洗干净！首先，在油渍上撒上一些粉末洗衣剂，然后用温水将其揉搓。接下来，在油渍上涂抹适量的洗洁精，并用牙刷轻轻刷洗。最后，用清水冲洗衣物，再进行正常的洗衣程序。你会惊喜地发现油渍完全不见了，衣服焕然一新！

实用的小技巧二：家居清洁的省力法宝
家居清洁是家庭日常必须面对的任务，但我们有个小技巧可以让清洁变得更轻松。在清洁瓷砖或玻璃表面时，你可以尝试用一种神奇的组合：白醋和报纸。将适量的白醋倒入喷雾瓶中，喷洒在需要清洁的表面上，然后用报纸擦拭。白醋具有杀菌和去污的作用，而报纸的纤维结构能帮助你擦拭得更干净。让家居清洁变得轻松愉快！

结尾：生活中的小技巧是如此的实用，帮助我们解决各种烦恼。希望今天分享的这些小技巧能够让你的生活更加轻松和美好！同时，我们也想听听你们的宝贵意见。你有什么实用的小技巧可以分享给大家吗？欢迎在评论区留言，让我们共同探索更多实用的生活小技巧！

（互动）在评论区留言分享你的实用小技巧吧！让我们一起成为生活小达人，让生活更加便捷和惬意！

图 8-16　ChatGPT 生成的正式的大鱼号文案

8.5 微博文案

微博文案是指发布于微博平台的文字内容。微博是一个用户实时分享信息、传播话题、讨论与交流的社交媒体，能够满足用户关注实时资讯、即时分享、交友互动的需求。本节将介绍运用ChatGPT生成微博文案的具体操作步骤。

扫码看教学视频

步骤 01 在ChatGPT的输入框中输入对话前提，如输入"微博文案有哪些类

型"关键词，生成的回复如图8-17所示，确保ChatGPT了解微博的文案风格。

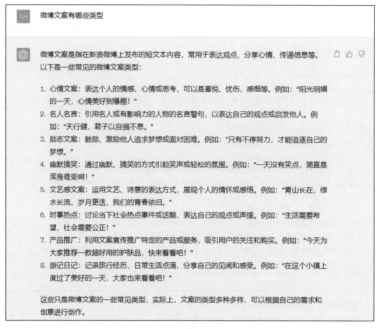

图 8-17　输入对话前提后 ChatGPT 的回答

步骤 02 让ChatGPT生成正式的微博文案，如输入"提供5个文艺感文案，主题是关于大学毕业的"关键词，生成的回复如图8-18所示。

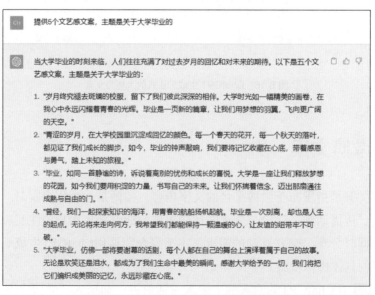

图 8-18　ChatGPT 生成的正式的微博文案

8.6 行业软文

扫码看教学视频

行业软文是指围绕不同行业的产品或服务进行宣传推广、信息分享等的文字内容。常见的行业软文有汽车类软文、数码类软文、房产类软文、旅游类软文等。

写作行业软文时，首先需要选择合适的媒体进行发布，不同的媒体受众不同，且有不同的语言风格和排版需求；其次是尽量使用简洁、有说服力的语言，能起到好的宣传效果；最后是定期更新产品的宣传资料，让受众了解最新的动态。

本节将介绍运用ChatGPT生成旅游类软文的具体操作步骤。

步骤01 在ChatGPT的输入框中输入对话前提，如输入"提供一篇推荐旅游景点的软文示例"关键词，ChatGPT生成的回复如图8-19所示，确保ChatGPT了解旅游类软文的写法。

> **CH** 提供一篇推荐旅游景点的软文示例

> 标题：探索自然奇迹，感受绝美之旅——梦幻目的地推荐
>
> 正文：
> 无论是追逐自然奇观的壮丽，还是沉浸于历史文化的熏陶，世界上有许多令人惊叹的旅游景点等待着您的探索。在这里，让我们为您推荐几个梦幻目的地，为您的旅程增添难忘的回忆。

> 1. 挪威峡湾
>   如果您追求大自然的壮丽景观，挪威峡湾是您不容错过的目的地之一。这个位于挪威西部的壮丽地区以其陡峭的峡湾、峰峦叠嶂和清澈的湖泊而闻名。乘坐游船穿行于壮丽的峡湾之间，您将目睹壁立千仞的峭壁、瀑布倾泻而下和壮观的冰川，仿佛置身于童话世界中。此外，您还可以探索附近的小镇和村庄，体验当地文化和美食，为您的旅程增添一抹异国情调。
> 2. 印度尼西亚巴厘岛
>   巴厘岛是印度尼西亚最受欢迎的旅游胜地之一，拥有绝美的海滩、神秘的寺庙和丰富多样的文化遗产。这个岛屿被誉为"上帝的岛屿"，拥有迷人的自然风光和独特的宗教氛围。您可以在白色沙滩上享受阳光和海浪，探索热闹的巴厘艺术市场，参观古老的寺庙，还可以参与传统的巴厘舞蹈和水上运动。无论您是寻求冒险刺激还是寻找放松与宁静，巴厘岛都能满足您的需求。
> 3. 智利托雷斯德尔帕因国家公园
>   位于南美洲的智利，拥有令人叹为观止的自然景观。托雷斯德尔帕因国家公园是该地区最著名的国家公园之一，以其独特的山脉和冰川而闻名。您可以进行徒步旅行

> **CH** 继续

> ，穿越茂密的雨林、跨越冰川湖泊，最终抵达壮丽的托雷斯德尔帕因山脉。在这里，您将目睹令人窒息的山峰、冰雪覆盖的山谷和湛蓝的冰川湖。这是一个远离尘嚣的天堂，让您与大自然亲密接触，感受到它的宏伟和神秘。
>
> 4. 意大利托斯卡纳
>   如果您迷恋文艺复兴时期的美学和乡村风光，意大利托斯卡纳是您的理想选择。这个地区以其壮丽的山脉、绵延的葡萄园和古老的村庄而闻名。在托斯卡纳的乡间小道上漫步，您将欣赏到令人叹为观止的风景，尽情呼吸新鲜的空气。此外，您还可以品尝到美味的托斯卡纳美食和世界著名的葡萄酒，感受到意大利悠闲而又独特的生活方式。
> 5. 澳大利亚大堡礁
>   作为世界七大自然奇迹之一，澳大利亚大堡礁是潜水和海洋爱好者的天堂。这个世界最大的珊瑚礁群落以其绚丽多彩的珊瑚和丰富多样的海洋生物而闻名。您可以潜入碧蓝的海水中，近距离观赏到神秘的珊瑚、热带鱼、海龟和鲨鱼等生物。此外，您还可以乘坐观光船游览大堡礁，欣赏到壮丽的海岛风光和迷人的日落景色。
>
> 这些只是世界上众多令人惊叹的旅游目的地中的一小部分。无论您钟爱自然风光、历史文化还是冒险探索，都能在世界各地找到适合您的梦幻目的地。踏上旅程，探索未知，让您的旅行成为一段难忘的回忆。

图 8-19 ChatGPT 生成的旅游软文示例

步骤 02 输入具体的需求，让ChatGPT生成软文，如输入“请以软文的写法写一篇200字的文章，主题为‘小众的旅游景点推荐’，内容包括：有吸引力的标题、推荐的小众景点和推荐原因，结尾与用户有互动”关键词，ChatGPT生成的回复如图8-20所示。

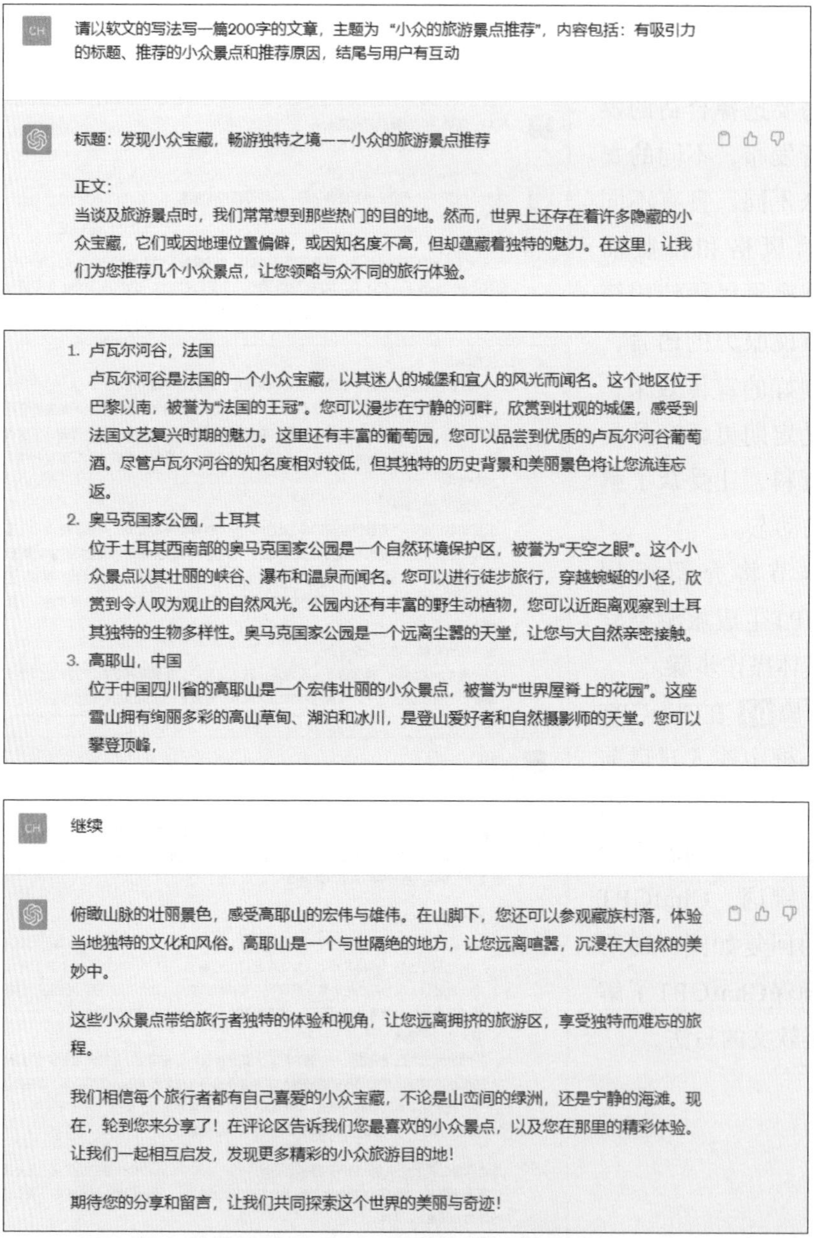

CH 请以软文的写法写一篇200字的文章，主题为“小众的旅游景点推荐”，内容包括：有吸引力的标题、推荐的小众景点和推荐原因，结尾与用户有互动

标题：发现小众宝藏，畅游独特之境——小众的旅游景点推荐

正文：
当谈及旅游景点时，我们常常想到那些热门的目的地。然而，世界上还存在着许多隐藏的小众宝藏，它们或因地理位置偏僻，或因知名度不高，但却蕴藏着独特的魅力。在这里，让我们为您推荐几个小众景点，让您领略与众不同的旅行体验。

1. 卢瓦尔河谷，法国
卢瓦尔河谷是法国的一个小众宝藏，以其迷人的城堡和宜人的风光而闻名。这个地区位于巴黎以南，被誉为“法国的王冠”。您可以漫步在宁静的河畔，欣赏到壮观的城堡，感受到法国文艺复兴时期的魅力。这里还有丰富的葡萄园，您可以品尝到优质的卢瓦尔河谷葡萄酒。尽管卢瓦尔河谷的知名度相对较低，但其独特的历史背景和美丽景色将让您流连忘返。
2. 奥马克国家公园，土耳其
位于土耳其西南部的奥马克国家公园是一个自然环境保护区，被誉为“天空之眼”。这个小众景点以其壮丽的峡谷、瀑布和温泉而闻名。您可以进行徒步旅行，穿越蜿蜒的小径，欣赏到令人叹为观止的自然风光。公园内还有丰富的野生动植物，您可以近距离观察到土耳其独特的生物多样性。奥马克国家公园是一个远离尘嚣的天堂，让您与大自然亲密接触。
3. 高耶山，中国
位于中国四川省的高耶山是一个宏伟壮丽的小众景点，被誉为“世界屋脊上的花园”。这座雪山拥有绚丽多彩的高山草甸、湖泊和冰川，是登山爱好者和自然摄影师的天堂。您可以攀登顶峰，

CH 继续

俯瞰山脉的壮丽景色，感受高耶山的宏伟与雄伟。在山脚下，您还可以参观藏族村落，体验当地独特的文化和风俗。高耶山是一个与世隔绝的地方，让您远离喧嚣，沉浸在大自然的美妙中。

这些小众景点带给旅行者独特的体验和视角，让您远离拥挤的旅游区，享受独特而难忘的旅程。

我们相信每个旅行者都有自己喜爱的小众宝藏，不论是山峦间的绿洲，还是宁静的海滩。现在，轮到您来分享了！在评论区告诉我们您最喜欢的小众景点，以及您在那里的精彩体验。让我们一起相互启发，发现更多精彩的小众旅游目的地！

期待您的分享和留言，让我们共同探索这个世界的美丽与奇迹！

图 8-20 ChatGPT 生成的满足需求的软文

步骤 03 修改和完善软文，如输入"奥马克国家公园和高耶山的介绍不对，更换推荐的景点，其他的部分可以保留"关键词，生成的回复如图8-21所示，让ChatGPT更正一些不符合事实的说法。

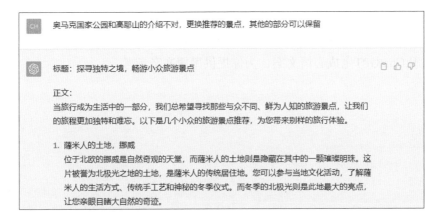

图 8-21　ChatGPT 生成的修改后的软文

用户在获得ChatGPT生成的旅游类软文时，注意识别其信息的准确性，若有错误，可以输入关键词让ChatGPT修改和完善内容，也可以将软文复制出来自行修改，并进行后期配图和排版。

本章小结

本章主要向读者介绍了ChatGPT生成新媒体文案的方法，包括公众号文案、小红书文案、头条号文案、大鱼号文案、微博文案和行业软文，让读者学习并掌握用ChatGPT助力新媒体文案创作的方法。希望读者们学完本章内容后，能够熟练掌握运用ChatGPT生成新媒体文案的方法。

课后习题

鉴于本章知识的重要性，为了帮助读者更好地掌握所学知识，本节将通过课后习题，帮助读者进行简单的知识回顾和补充。

1. 尝试让ChatGPT生成以护肤品推荐为主题的小红书文案。

2. 让ChatGPT生成心情文案，为你提供微博文案参考。

第 9 章

广告类文案：用 AI 提高营销效率

广告类文案是指用于宣传产品、推广品牌的文字内容，具有传递信息、表达创意、加深印象的作用。广告类文案的应用和传播很广，线上线下几乎无处不在。本章将介绍运用 ChatGPT 生成 6 种类型的广告类文案的方法。

9.1 报纸广告文案

报纸广告文案是指印刷于报纸上用于宣传产品、服务或推广品牌的文字内容。虽然报纸作为传统的媒介受到了新媒体的冲击，但其一直不失为一种好的广告宣传方式，因此报纸广告文案有一定的存在价值。

扫码看教学视频

用户运用ChatGPT生成报纸广告文案，可以让ChatGPT结合报纸广告文案的特点来创作文案，具体的操作方法如下。

步骤01 在ChatGPT的输入框中输入对话前提，如输入"报纸广告文案是指印刷于报纸上用于宣传产品、服务或推广品牌的文字内容，一般语言简短、生动活泼，有一定的美感。请提供报纸广告文案示例"关键词，生成的回复如图9-1所示，确保ChatGPT了解报纸广告文案的写法。

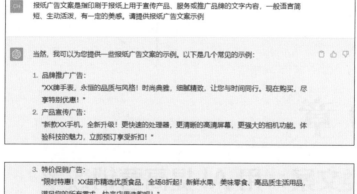

图 9-1　ChatGPT 生成的报纸广告文案示例

步骤02 继续输入具体的需求，如输入"请提供5个报纸广告文案，主题为宣传《手机视频运镜技巧119招：从脚本、拍摄到剪辑》这本书，要从书名中提取关键词，用对偶手法和生动的语言来写作"关键词，生成的回复如图9-2所示，让ChatGPT生成正式的报纸广告文案。

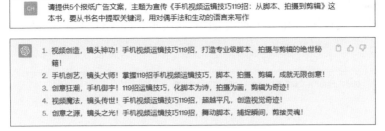

图 9-2　ChatGPT 生成正式的报纸广告文案

9.2　广播广告文案

广播广告文案是指通过广播媒体来传播的广告词，属于主播口播的台词内容之一。广播广告文案需要结合广播内容本身的特性来撰写，如主要以情感类话题为内容的广播，其广告文案的用语会更亲切，带给人治愈、温暖的感觉，因此在运用ChatGPT生成广播广告文案时需要注意这一点。

扫码看教学视频

本节将介绍运用ChatGPT生成广播广告文案的操作方法。

步骤 01 提供给ChatGPT广播广告文案示例，在输入框中输入"好车'惠'等你，真'行'胜言语。请结合广告词的特征，来分析这则广告文案"关键词，生成的回复如图9-3所示，让ChatGPT通过分析示例来了解广播广告文案的写法。

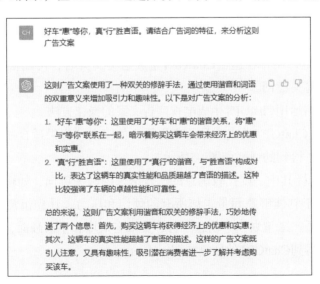

图 9-3　ChatGPT 分析广播广告文案的示例

步骤02 输入具体的需求，如"请模仿上述广告文案的写法，提供相机产品的广告文案"关键词，生成的回复如图9-4所示，ChatGPT根据示例生成的广播广告文案。

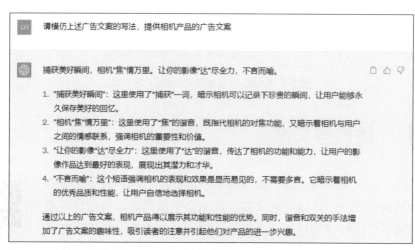

图9-4 ChatGPT 根据示例生成的广播广告文案

9.3 电视广告文案

电视广告文案是指在电视媒体上传播的文字内容，主要用于传播产品或服务等信息，以吸引观众的购买兴趣。电视广告文案包括讲述故事型、情感共鸣型、产品展示型、问题引导型、比较型、幽默型等不同类型，用户在运用ChatGPT生成这类文案时，可以根据文案类型来编写关键词。

扫码看教学视频

本节将介绍运用ChatGPT生成电视广告文案的操作方法。

步骤01 让ChatGPT生成产品的广告语，如输入"提供适合冰淇淋产品的广告语"关键词，得到的回复如图9-5所示。

步骤02 选择其中一则比较满意的广告语来编写关键词，如输入"以'冰淇淋的魔法就在于它能够瞬间带走您所有的烦恼和压力，让您沉浸在甜蜜的喜悦中'这则广告语，来策划一个创意广告，要带有情境和生活画面，对受众有感染力"关键词，得到ChatGPT的回复如图9-6所示。

> CH　提供适合冰淇淋产品的广告语

1. "尝试我们的口感丰富、令人陶醉的冰淇淋，让你的味蕾沉浸在甜蜜的幸福中！"
2. "用新鲜的水果和顶级的原料制成，我们的冰淇淋将为您带来一份纯粹、天然的美味。"
3. "无论是炎热的夏日还是寒冷的冬季，我们的冰淇淋都能为您带来绝妙的味觉享受！"
4. "每一口都是快乐的体验！无论您选择经典口味还是创新口味，我们的冰淇淋都会成为您最爱的甜品！"
5. "品尝一口我们的冰淇淋，仿佛置身于仙境，享受无尽的甜蜜和惊喜。"
6. "我们的冰淇淋不仅仅是一种味觉的享受，更是一种艺术品。每一份都经过精心制作，为您带来视觉和味觉的双重享受。"
7. "让我们的冰淇淋成为您的灵感之源，点燃您的创造力和想象力。每一口都是一次冒险，每一种口味都是一段故事。"
8. "我们用心制作的冰淇淋，源自对味道的热爱和对品质的追求。每一次品尝都是一种享受，让您感受到我们的用心与独特。"
9. "冰淇淋的魔法就在于它能够瞬间带走您所有的烦恼和压力，让您沉浸在甜蜜的喜悦中。"
10. "无论您是孩子还是成年人，我们的冰淇淋都能唤起您内心最纯真的快乐和幸福。来尝试一份，让冰淇淋点亮您的笑容！"

图 9-5　ChatGPT 生成冰淇淋产品的广告语

> CH　以"冰淇淋的魔法就在于它能够瞬间带走您所有的烦恼和压力，让您沉浸在甜蜜的喜悦中"这则广告语，来策划一个创意广告，要带有情境和生活画面，对受众有感染力

[画面：一个炎热的夏日，阳光明媚。镜头缓缓拉近，聚焦在一个办公室里疲惫的员工身上。他满头大汗，脸上写满了疲惫和压力。突然，一个冰淇淋小推车推门进入办公室，引起了员工们的注意。]

旁白：生活的压力让你喘不过气？冰淇淋的魔法即将降临！

[画面：员工们好奇地聚集在冰淇淋小推车周围，面带微笑，一片轻松愉快的氛围弥漫开来。推车上摆满了各种色彩鲜艳的冰淇淋，各种口味和装饰令人垂涎欲滴。一个员工拿起一份冰淇淋，迫不及待地品尝。]

旁白：冰淇淋的魔法就在于它能够瞬间带走您所有的烦恼和压力，让您沉浸在甜蜜的喜悦中。

[画面：员工们的表情由疲惫转变为愉悦和放松。他们开怀大笑，互相分享冰淇淋，仿佛忘记了一切烦恼和工作压力。镜头聚焦在每一个人的脸上，展现出满足和幸福的笑容。]

旁白：无论是炎热的夏日还是忙碌的工作日，冰淇淋的魔力总能带给您无尽的甜蜜和快乐。

[画面：员工们带着冰淇淋出了办公室，走向阳光明媚的户外。他们坐在草地上，享受冰淇淋和夏日的清凉。欢笑声和快乐的气氛填满了整个场景。]

旁白：让冰淇淋成为您生活中的甜蜜瞬间，为您带来无尽的喜悦和放松。

[画面：镜头缓缓拉远，员工们围坐在一起，享受着美好的时刻，天空中悠然飘过一朵朵绒毛般的云彩。最后，画面渐变成产品LOGO和口号。]

图 9-6

[画面：一个城市公园，夏日午后。镜头慢慢移动，展现出人们在草坪上享受阳光和自然的美好时刻。]

旁白：城市的喧嚣让你疲惫不堪？冰淇淋的魔法将为你带来解脱！

[画面：一位年轻女性独自坐在公园长椅上，神情疲惫。她拿出手机，滑动屏幕上的广告推送，看到了冰淇淋的图片。眼神闪过一丝好奇和期待，她决定去寻找这种甜蜜的解药。]

旁白：冰淇淋的魔法就在于它能够瞬间带走您所有的烦恼和压力，让您沉浸在甜蜜的喜悦中。

[画面：女性走进附近的冰淇淋店，店内装饰明亮而温馨。她注视着冰淇淋柜台上琳琅满目的选择，面露微笑。店员递给她一份精心制作的冰淇淋，她拿起汤匙，迫不及待地品尝。]

旁白：一口冰淇淋，融化你的忧虑，点燃你的幸福。

[画面：女性的表情逐渐从疲惫转变为愉悦和满足。她享受每一口冰淇淋，眼神中流露出宁静和放松。周围的人们也纷纷被她的微笑和幸福感染，他们开始聚集在一起，分享冰淇淋的喜悦。]

旁白：冰淇淋的魔法无处不在，它是你与甜蜜相遇的奇妙纽带。

[画面：镜头切换至不同的人群，他们在公园中散步、嬉戏，手中都拿着冰淇淋，快乐的笑声回荡在空气中。]

旁白：无论你是孩子还是成年人，冰淇淋的魔法将唤起你内心最纯真的快乐和幸福。

[画面：天空中出现一道绚丽的彩虹，为整个场景增添了一份魔幻的美感。最后，画面渐变成产品LOGO和口号。]

图 9-6　ChatGPT 根据广告语策划创意广告

9.4 网络广告文案

扫码看教学视频

网络广告文案是指以互联网为媒介进行广告信息传播的文字内容，其可以以各种各样的网络媒介为传播途径，常见于不同的新媒体平台、短视频平台和社交平台中，起到传播范围广、速度快的作用。

用户在运用ChatGPT生成网络广告文案时，可以给予ChatGPT一些网络热词或热门元素作为提示，让ChatGPT融入广告词中，生成相应的文案，具体的操作方法介绍如下。

步骤 01 提供给ChatGPT相应的网络热词和需求，如输入"'泰裤辣'是一个网络热梗，用于描述一个人不在乎别人的看法，坚持做着自己喜欢的事的状态。请融入'泰裤辣'的含义，提供一则广告语"关键词，得到的回复如图9-7所示。

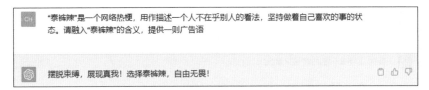

图9-7　ChatGPT 根据网络热词生成的广告语

步骤02 矫正ChatGPT对网络热词的理解，优化其回复。例如，输入"把'泰裤辣'作为一种称赞，而不是产品名称。请重新生成广告语"关键词，得到的回复如图9-8所示。

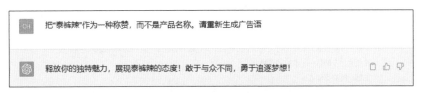

图9-8　ChatGPT 重新生成的广告语

步骤03 输入真正的需求，输入"把'泰裤辣'作为一种称赞并融入广告词中，提供宣传潜水艇产品的广告语"关键词，生成的网络广告文案如图9-9所示。

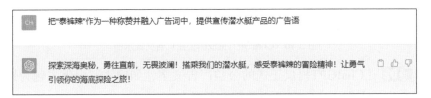

图9-9　ChatGPT 生成的网络广告文案

9.5　户外广告文案

户外广告文案是指在室外呈现的，用于宣传产品、推广品牌或呼吁行动的文字内容。这类文案通常以固定广告牌和移动广告两种形式呈现，本节将分别举例介绍运用ChatGPT生成这两种不同形式的户外广告文案的操作方法。

扫码看教学视频

第一种是运用ChatGPT生成适合以固定广告牌的形式呈现的户外广告文案，这类广告一般以公益广告居多，具体的操作方法如下。

步骤01 让ChatGPT提供公益广告文案示例，输入"提供公益广告文案示例"关键词，得到的回复如图9-10所示，确保ChatGPT了解公益广告文案的写法。

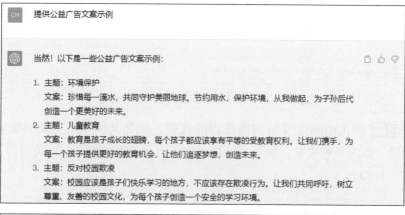

图9-10　ChatGPT生成的公益广告文案示例

步骤02 让ChatGPT提供正式的公益广告文案，如输入"提供主题为提倡使用公筷的公益广告文案，要结合使用公筷的好处，有一定的创意和深意"关键词，得到适合户外的公益广告文案，如图9-11所示。

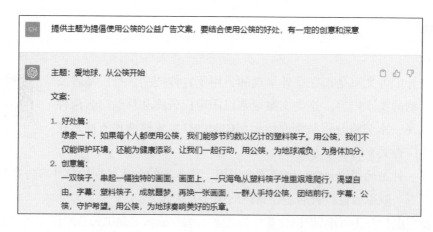

3. 深意篇：

公筷，不仅仅是一种使用工具，更是一种生活态度。当我们使用公筷，我们拒绝浪费，传递尊重，关爱他人。让公筷成为我们日常生活中的一部分，让尊重和关怀在每一餐中延续。

4. 共生篇：

想象一下，当我们都使用公筷时，我们形成了一个无形的群体，彼此之间有了联系。公筷成为我们与他人共享食物的桥梁，我们的行为融汇成一道美丽的风景线。用公筷，让我们共同品味尊重和协作的美妙滋味。

这些文案旨在通过创意和深意，激发人们对使用公筷的关注和兴趣。同时，强调使用公筷的好处，如环境保护、健康与节约。通过积极的表达和情感连接，鼓励人们积极参与，以公筷为起点，共同为地球的可持续发展贡献力量。

图9-11 ChatGPT生成适合户外的公益广告文案

第二种是运用ChatGPT生成适合以移动广告的形式呈现的户外广告文案，这类文案可以用作宣传品牌，具体的操作方法如下。

步骤01 新建对话窗口，让ChatGPT建立对相关产品的知识背景，如输入"制作一套木质家具需要经过哪些工艺"关键词，得到的回复如图9-12所示。

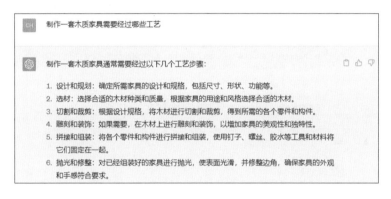

图9-12 ChatGPT生成相关产品的知识背景

步骤02 让ChatGPT根据上述内容生成××家具品牌的广告宣传文案，如输入"××家具品牌向来以木质家具闻名，请结合制作木质家具所需的工艺，为其品牌提供一个宣传推广文案"关键词，得到适合户外的品牌宣传文案，如图9-13所示。

> ××家具品牌向来以木质家具闻名，请结合制作木质家具所需的工艺，为其品牌提供一个宣传推广文案

【品牌名称】：自然之美家具

【宣传推广文案】：

追寻自然之美，创造独一无二的家居空间

自然之美家具，以木质家具为荣，以传承工艺为骄傲。我们相信，在快节奏的生活中，回归自然、营造舒适的家居环境对于心灵的宁静和身心的放松至关重要。

我们执着于制作每一件家具，注重细节、追求完美，以确保您获得的不仅仅是一件家具，更是一种生活方式的体验。

【挑选上乘原材料】
自然之美家具从世界各地挑选上乘的木材，我们尊重自然的馈赠，只选取经过可持续管理的森林获得的木材。每一块木材都经过精心筛选，确保其品质优良、纹理自然。

【传承工艺，匠心独具】
我们承袭传统的木工工艺，结合现代技术的精湛运用，每一件家具都是工匠们的匠心独具之作。他们用双手雕刻、修整、拼接，为每一块木材注入灵魂和生命力，让家具展现独特的艺术之美。

【注重细节，品质保证】
自然之美家具对细节的追求从不妥协。我们的工匠们精雕细琢，确保每一个角度、每一处接口都完美无瑕。从选材到组装，我们严格把控每一个环节，以确保每一件家具都符合高品质的标准。

【呵护自然，环保至上】
我们坚守环保理念，注重生态平衡。我们使用的木材来自可持续管理的森林，采用环保的涂饰工艺和水性漆，以减少对环境的影响。选择自然之美家具，您不仅为自己创造了一个舒适的家居空间，也为地球贡献一份环保的力量。

【个性定制，创造独特】
我们深信每个家庭都有独特的品味和风格。因此，自然之美家具提供个性化定制服务，根据您的需求和喜好，为您打造一件独一无二的家具，让您的家居空间彰显个

> 继续生成

性与风格。

【家具演绎生活故事】
自然之美家具不仅仅是一件家具，更是您生活故事的见证者。每一件家具都承载着您家庭的欢笑、温馨和回忆。无论是沉浸于书香的书房、享受美食的餐厅，还是舒适宜人的卧室，我们的家具将为您的生活场景赋予独特的韵味和温暖。

【自然与艺术的完美融合】
自然之美家具将自然与艺术完美融合，呈现出独特的家居艺术品。木质的温暖质感、自然纹理的流畅曲线，让每一件家具成为空间的艺术点缀。无论您钟爱传统经典还是追求现代简约，我们的家具都能满足您的审美需求，为您创造出令人心动的家居空间。

【品质保障，长久陪伴】
自然之美家具以卓越的品质保障和优质的售后服务赢得了广大客户的信赖。我们致力于为您提供耐用而经久的家具，让它们与您一同成长、陪伴。我们的家具经过严格的质量检查，确保结实耐用、易于维护，让您拥有一个舒适、持久的家居伙伴。

【自然之美，打造家的港湾】
自然之美家具希望为您打造一个温馨舒适的家的港湾。无论您是追求简约的雅致还是温馨复古，我们的家具将成为您家庭的核心，为您提供理想的居住空间，让您的家成为您放松、享受生活的最佳场所。

自然之美家具，让木质之美注入您的生活。与我们一同追寻自然之美，打造独一无二的家居空间，让家成为您的庇护所和灵感源泉。选择自然之美家具，开启与自然和艺术的对话，创造属于您的家居传奇。

图 9-13　ChatGPT 生成的适合户外的品牌宣传文案

9.6　杂志广告文案

扫码看教学视频

杂志广告文案是以杂志为传播媒介而编写的文字内容。杂志广告文案的功能与其他广告文案的功能相差无几，在编写时只需注意结合杂志的受众特征即可。因观看杂志的目标受众通常有较高的文化水平，因此在编写广告文案时尽量使用比较独特、有审美价值和欣赏价值的语言，这一点在编写ChatGPT关键词时需要注意。

本节将具体介绍运用ChatGPT生成杂志广告文案的操作方法。

步骤01 确保ChatGPT了解杂志广告文案的语言风格，在输入框中输入"提供适合用杂志宣传的广告文案"关键词，生成的杂志广告文案示例如图9-14所示。

探索无尽创意，领略美的魅力！

尊贵、优雅、无与伦比！现代艺术之美，独一无二！

独特设计，彰显品牌独有魅力！	无尽风情，舞动人生！
品质保证，细节讲究！	成就非凡，展现个人风采！
尽享奢华，尽展魅力！	尽显自我，创造非凡！
与众不同，独树一帜！	引领潮流，创造经典！
尽显自信，彰显非凡！	无限可能，创造奇迹！
改变生活，从这一刻开始！	超越梦想，开启未来！
成就传奇，永恒经典！	秀出自信，尽显魅力！
领略奢华，品味尊贵！	激发灵感，创造非凡！
打造梦想，创造辉煌！	与众不同，独树一帜！
勇于突破，尽展个人风采！	开启精彩，创造无限！
与众不同，成就非凡！	创新思维，领略非凡！
细致呵护，让每一刻都独特！	展现非凡，点亮人生！
开启奇思妙想，创造无限可能！	永不止步，创造非凡！

图9-14　ChatGPT生成的杂志广告文案示例

步骤02 输入真正的需求，如输入"用上述语言风格，提供化妆品品牌推广的广告文案，要新颖独特的"关键词，得到的回复如图9-15所示。

CH　用上述语言风格，提供化妆品品牌推广的广告文案，要新颖独特的

发现自己的美丽力量，展现独特魅力！

掌握化妆艺术的无尽创意，点亮每一天！

别样风采，独特彰显！化妆品界的新生代！

释放个性，创造无限可能！你的美丽，由你定义！

领略时尚新潮，彰显无限魅力！与众不同，独树一帜！

用妆容绘制自己的未来！勇敢尝试，开创新纪元！

点亮世界，用化妆品勾勒独特之美！成就你的非凡！

化妆品，掌握独一无二的自信！让你成为舞台上的明星！

化妆品，掌握独一无二的自信！让你成为舞台上的明星！

超越想象，创造革命性妆容！领先时代，引领潮流！

不同妆容，不同魅力！尽显个人风采，成就无限辉煌！

创造属于你的美丽传奇！化妆品，引领美丽的革命！

感受化妆品的独特魔力，释放内心的美丽热情！

用妆容展现你的非凡魅力！化妆品，让你成为自己的创造者！

化妆品，释放你的独特美丽能量！颠覆常规，创造非凡！

妆容不只是外表，更是内心的表达！化妆品，展现你的真实自我！

化妆品，成就你的美丽传奇！用色彩创造属于你的非凡！

以上是适合用于化妆品品牌推广的广告文案，希望能给您一些新颖独特的灵感。您可以根据品牌的特点和目标受众进行相应调整和定制，以突出独特的品牌魅力，吸引消费者的关注和兴趣。

图 9-15　ChatGPT 生成的满足需求的杂志广告文案

本章小结

本章主要向读者介绍了运用ChatGPT生成广告类文案的方法，包括报纸广告文案、广播广告文案、电视广告文案、网络广告文案、户外广告文案和杂志广告文案，让读者学会运用ChatGPT来提高营销效率。

课后习题

鉴于本章知识的重要性，为了帮助读者更好地掌握所学知识，本节将通过课后习题，帮助读者进行简单的知识回顾和补充。

1. 尝试让ChatGPT生成宣传茶叶产品的电视广告文案。

2. 尝试向ChatGPT提供你喜欢的网络热词释义，让ChatGPT生成满足你需求的网络广告文案。

第 10 章

短视频文案：用 AI 打造爆款内容

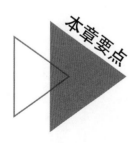

本章要点

短视频文案是指在短视频平台上发布的视频描述或文字说明，其包括短视频标题文案和分镜头脚本文案两大类，通常具有简洁、有趣、引人入胜等写作特点。本章将介绍运用 ChatGPT 生成短视频文案的操作方法。

10.1 短视频标题文案

短视频标题文案是对短视频主体内容的概括，能够起到突出视频主题、吸引受众观看视频的作用。短视频标题文案通常会与tag标签一起在短视频平台中呈现，呈现方式如图10-1所示。

扫码看教学视频

图 10-1 短视频标题文案的呈现方式示例

因此，用户在运用ChatGPT生成短视频标题文案时，需要在关键词中提到连同tag标签一起生成。本节将介绍运用ChatGPT生成短视频标题文案的具体操作方法。

步骤 01 直接在ChatGPT的输入框中输入需求，如输入"提供主题为好书分享的短视频标题文案，并添加tag标签"关键词，生成的回复如图10-2所示。可以看出，ChatGPT按照要求提供了中规中矩的文案参考。

> CH　提供主题为好书分享的短视频标题文案，并添加tag标签
>
> 标题文案：发现精彩世界——好书分享短视频
> 标签：#好书推荐 #阅读分享 #精神食粮 #知识盛宴 #阅读心得

图 10-2 ChatGPT 生成的短视频标题文案

步骤02 对ChatGPT生成的标题文案提出修改要求，在输入框中输入"短视频标题文案的要求：1、突出受众痛点；2、能够快速吸引人眼球，并使受众产生观看视频内容的兴趣。根据要求重新提供标题文案"关键词，生成的回复如图10-3所示。

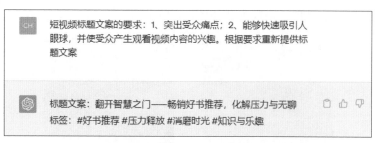

图 10-3　ChatGPT 生成的修改后的短视频标题文案

步骤03 还可以让ChatGPT根据某一个短视频平台的特性和受众需求，生成对应的标题文案，如输入"抖音上的短视频标题文案通常是'如果只能给你们推荐一本书，那么我会推荐这本''这本书可以帮你找到成长的答案''钝感是种能力，需要刻意练习（引用书中的话）'等语言风格。请按照抖音上的文案写法，重新提供标题文案"关键词，使ChatGPT的答案更加优化，ChatGPT生成的回复如图10-4所示。

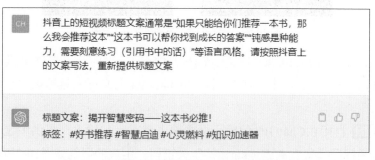

图 10-4　ChatGPT 生成的更加优化的短视频标题文案

10.2　分镜头脚本文案

分镜头脚本文案是用来描述短视频中每一个镜头的内容和细节的文稿。它通常包含标题、场景描述、景别、运镜、台词或对白、道具、节奏和节拍等要素，用户在撰写分镜头脚本文案时可以根据具

扫码看教学视频

体的需求来安排这些要素。本节将介绍运用ChatGPT生成分镜头脚本文案的具体方法。

步骤01 在ChatGPT的输入框中输入对话前提，如输入"分镜头脚本文案是什么"关键词，生成的回复如图10-5所示，确认ChatGPT是否了解分镜头脚本文案。

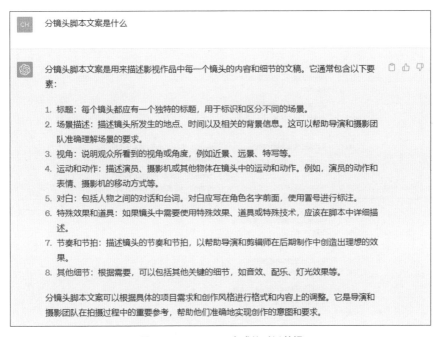

图 10-5　ChatGPT 生成的对话前提

步骤02 为ChatGPT设定身份，让其根据身份属性完成任务，如输入"你是一名专业的美食博主，正在写一个关于美食探店的脚本，场景发生在一家有百年历史的面馆里，脚本中需包括当下短视频热门元素，开篇5s迅速吸引人的眼球，中间有反转，结尾有惊喜，文案侧重于情绪表达。脚本用表格的形式呈现以下内容：分镜序号、景别（中近远特写等镜头）、画面描述、对话台词（包括人物对话时的动作、语言、神态等，越详细越好）、背景音乐（给出具体的歌曲名称）"关键词，生成的分镜头脚本文案如图10-6所示。

可以看出，ChatGPT生成的分镜头脚本文案要素都很齐全，也满足了我们提出的各项要求，但是对短视频整体内容的意蕴和深度把握得还不够，且对短视频热门元素了解不多，因此这个分镜头脚本文案仅起到一定的参考作用，具体的运用还需结合用户的实战经验和短视频文案的类型。

你是一名专业的美食博主，正在写一个关于美食探店的脚本，场景发生在一家有百年历史的面馆里，脚本中需包括当下短视频热门元素，开篇5s迅速吸引人的眼球，中间有反转，结尾有惊喜，文案侧重于情绪表达。脚本用表格的形式呈现以下内容：分镜序号、景别（中近远特写等镜头）、画面描述、对话台词（包括人物对话时的动作、语言、神态等，越详细越好）、背景音乐（给出具体的歌曲名称）

分镜序号	景别	画面描述	对话台词	背景音乐
1	开篇	快速剪辑展示面馆外观，突出其古老的建筑和百年历史		热门短视频音效
2	进门	进入面馆，摄影机跟随主人公的脚步进入店内，特写面馆招牌和装饰细节		欢快的背景音乐
3	中远景	镜头呈现面馆内的熙熙攘攘，客人络绎不绝的场景		
4	特写	主人公和面馆老板的对话	主人公：您好，请问这里有什么招牌菜推荐吗？	
			面馆老板：我们的招牌是这碗传承百年的老火汤面，您一定要尝尝。	
5	中特写	特写主人公端起面碗，慢慢品味汤面的神情		
6	近景	镜头切换至面碗中的面条和浓汤，特写细节		
7	中远景	镜头回到面馆内，发现许多人都在专注地享用面食		
8	近景	主人公放下面碗，满意地看向面馆老板	主人公：太好吃了！这碗面真的很棒，我一定会推荐给朋友们。	
9	中近景	主人公和面馆老板的对话	面馆老板：谢谢夸奖，我们一直秉承着百年传统，希望能让每位顾客都满意。	
10	中特写	特写主人公微笑的表情		
11	反转	镜头切换至厨房，展示面馆的制作过程，突出其精细和独特		欢快的背景音乐
12	结尾	主人公走出面馆，回头望向面馆，出现感慨的文字提示	文字提示：感谢百年面馆的美味，让人流连忘返	

图 10-6　ChatGPT 生成的分镜头脚本文案

短视频文案因其表达内容和写作手法的不同，分为不同的类型，如情感共鸣类视频文案、互动体验类视频文案、情节叙事类视频文案、干货分享类视频文案和影视解说类视频文案等。用户在运用ChatGPT生成短视频文案时，可以结合其类型来撰写关键词。

10.3　情感共鸣类视频文案

情感共鸣类视频文案是指描述情感类视频内容，且能够引起受众共鸣的文字。通常情况下，情感共鸣类视频会以图文的形式来呈现，因此其文案的重点在于标题文案，打造有吸引力、能引起人共鸣的标题文案是情感共鸣类视频文案的关键。本节将介绍运用ChatGPT生成情感共鸣类视频文案的操作方法。

扫码看教学视频

步骤01 在ChatGPT的输入框中输入对话前提，如输入"情感共鸣类视频文案是指描述情感类视频内容，且能够引起受众共鸣的文字。提供5个情感共鸣类视频文案示例"关键词，ChatGPT生成的回复如图10-7所示，确认ChatGPT是否了解情感共鸣类视频文案。

> CH　情感共鸣类视频文案是描述情感类视频内容，且能够引起受众共鸣的文字。提供5个情感共鸣类视频文案示例
>
> 　　当父亲带着失明的女儿参观艺术展，他们的故事将让你明白真正的美是如何从内心散发出来的。
>
> 　　一位老人每天坚持在同一个公园长椅上等待，直到有一天，一个陌生人的举动改变了他的生活，让你重新相信人性的善良。
>
> 　　一个女孩在遇到失败后，遇到了一个陌生人，他们一起探索了如何重新找回自信和勇气，让你相信每个人都有无限的潜力。
>
> 　　一个年轻人在追逐自己的梦想时遭遇挫折，但他从未放弃。他的故事将激励你去追求自己的激情和目标。
>
> 　　一对兄弟姐妹在童年时经历了分离，多年后他们重聚，他们的情感故事将让你明白家庭的重要性和深厚的兄弟姐妹情谊。

图 10-7　ChatGPT 生成的情感共鸣类视频文案示例

步骤02 矫正ChatGPT的语言风格，如输入"用更温馨、给人治愈感的语气，字数控制在10～20字，再添加tag标签"关键词，生成的回复如图10-8所示，ChatGPT会生成更有参考价值的文案。

步骤03 让ChatGPT生成正式的情感共鸣类视频文案，如输入"用上述文案风格，提供主题为高考加油的励志类文案，要积极向上、振奋人心的"关键词，生成的回复如图10-9所示。

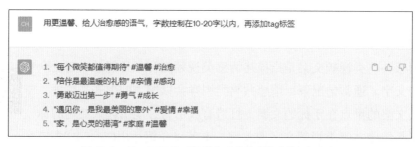

图 10-8　ChatGPT 生成的优化后的情感共鸣类视频文案

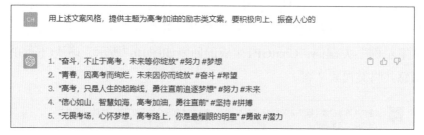

图 10-9　ChatGPT 生成的正式的情感共鸣类视频文案

10.4 互动体验类视频文案

　　互动体验类视频文案是指在视频中用于描述、引导和激发受众参与互动的文字内容。其最主要的目的是吸引受众的注意力，并引导受众积极参与视频中的活动。互动体验类视频文案通常包含以下要素，如图10-10所示。

扫码看教学视频

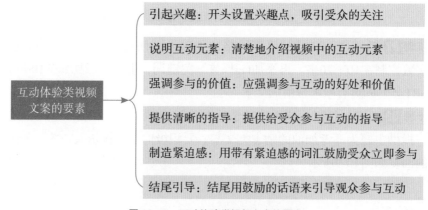

图 10-10　互动体验类视频文案的要素

运用ChatGPT生成互动体验类视频文案，需要输入具体的需求和恰当的关键词进行引导，详细的操作步骤如下。

步骤 01 在ChatGPT的输入框中输入对话前提，如输入“提供互动体验类视频文案示例”关键词，生成的回复如图10-11所示，确认ChatGPT是否了解互动体验类视频文案。可以看出，ChatGPT给出了能够引导受众参与互动的文案。

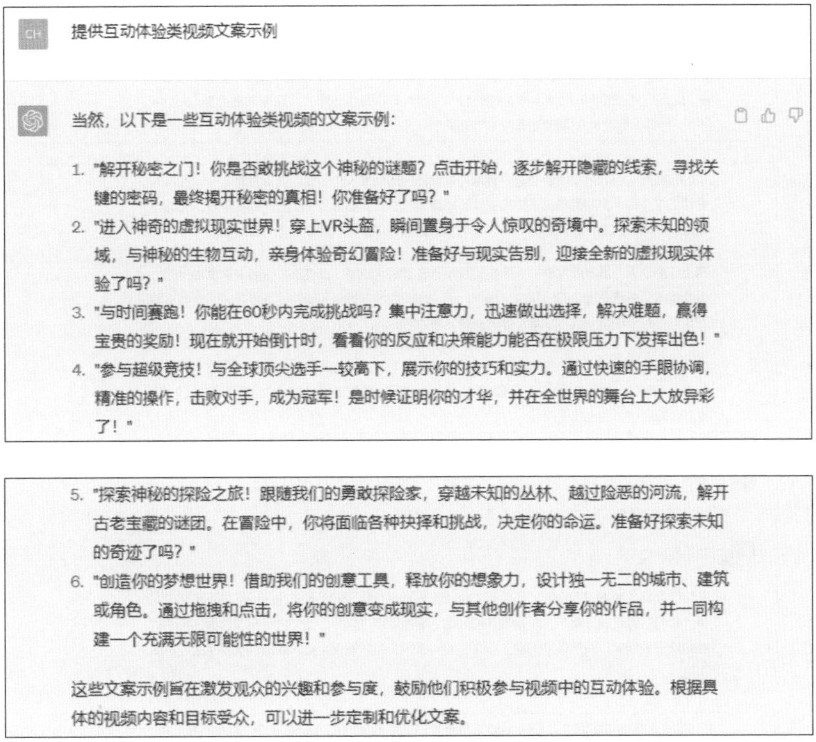

提供互动体验类视频文案示例

当然，以下是一些互动体验类视频的文案示例：

1. "解开秘密之门！你是否敢挑战这个神秘的谜题？点击开始，逐步解开隐藏的线索，寻找关键的密码，最终揭开秘密的真相！你准备好了吗？"
2. "进入神奇的虚拟现实世界！穿上VR头盔，瞬间置身于令人惊叹的奇境中。探索未知的领域，与神秘的生物互动，亲身体验奇幻冒险！准备好与现实告别，迎接全新的虚拟现实体验了吗？"
3. "与时间赛跑！你能在60秒内完成挑战吗？集中注意力，迅速做出选择，解决难题，赢得宝贵的奖励！现在就开始倒计时，看看你的反应和决策能力能否在极限压力下发挥出色！"
4. "参与超级竞技！与全球顶尖选手一较高下，展示你的技巧和实力。通过快速的手眼协调，精准的操作，击败对手，成为冠军！是时候证明你的才华，并在全世界的舞台上大放异彩了！"
5. "探索神秘的探险之旅！跟随我们的勇敢探险家，穿越未知的丛林、越过险恶的河流，解开古老宝藏的谜团。在冒险中，你将面临各种抉择和挑战，决定你的命运。准备好探索未知的奇迹了吗？"
6. "创造你的梦想世界！借助我们的创意工具，释放你的想象力，设计独一无二的城市、建筑或角色。通过拖拽和点击，将你的创意变成现实，与其他创作者分享你的作品，并一同构建一个充满无限可能性的世界！"

这些文案示例旨在激发观众的兴趣和参与度，鼓励他们积极参与视频中的互动体验。根据具体的视频内容和目标受众，可以进一步定制和优化文案。

图 10-11　ChatGPT 生成的互动体验类视频文案示例

步骤 02 在ChatGPT的输入框中输入具体需求，如输入“用互动体验类视频文案的写法，为主题是宣传新开业的密室逃脱店铺，提供一篇完整的视频文案，字数在300～500字”关键词，生成的回复如图10-12所示。

用户在获得ChatGPT给出的文案之后，还可以对文案的语言风格、内容结构等进行优化调整，同样可以引导ChatGPT生成与视频主题相契合的脚本文案，只需输入相应的关键词即可。

CH　用互动体验类视频文案的写法，为主题是宣传新开业的密室逃脱店铺，提供一篇完整的视频文案，字数在300～500字

标题：揭开谜题之门，闯入新开业的密室逃脱店铺！

文案：

欢迎来到全新开业的密室逃脱店铺，一场前所未有的冒险等待着你！准备好迎接挑战、解开谜题、逃离未知的境地了吗？跟随我们，进入一个充满惊喜和智力考验的世界！

在这个神秘的店铺中，隐藏着一个扣人心弦的故事，等待着你来解开。你将与你的团队成员一同被锁在一个充满谜题和线索的房间里，唯一的出路就是通过思考、合作和推理，找到通往自由的钥匙！

每个房间都充满了挑战和惊喜。你需要敏锐的观察力、逻辑思维和团队合作才能突破重重障碍，找到脱困的线索。谜题将考验你的智力，而时间则是你的敌人。只有紧密合作、充分利用每一秒钟，你才能在限定时间内成功逃脱！

我们的密室逃脱店铺采用最先进的装置和高度还原的场景设计，让你仿佛置身于一个真实的冒险之中。每个房间都具有独特的主题和故事情节，让你感受到不同的挑战和刺激。无论你是第一次体验还是密室逃脱的老手，我们都保证给你带来一次难以忘怀的冒险之旅！

带上你的家人、朋友或同事，一同挑战我们的密室逃脱店铺。在这里，你将共同面对挑战，寻找答案，并培养出色的团队合作精神。无论你们是解救被绑架的特工，还是探索失落文明的勇者，只有团结一致，才能迎接挑战并获得胜利！

新开业的密室逃脱店铺为你打造了一个充满谜题和惊喜的冒险天地。预约你的冒险之旅，与我们一同解锁谜题，感受挑战与成就的快感！准备好迎接密室逃脱的挑战了吗？让我们一起揭开谜题之门，逃出这个精

CH　继续

彩纷世界吧！

无论你是寻求刺激的冒险家，还是智力挑战的爱好者，我们的密室逃脱店铺都将满足你的期待。我们的房间设计精巧，充满细节和谜团，等待着你来解析。每个房间都蕴含着独特的故事和隐藏的线索，只有通过观察、思考和团队合作，你才能逐步揭示真相并找到通往自由的道路。

在这里，时间是你的敌人，每一分钟都将考验你的决策能力和反应速度。你将面临着心跳加速的时刻，感受到压力和紧迫感，但也正是这种紧迫感让你激发出内心的潜力，超越自我，达到无可思议的成就。

我们的密室逃脱店铺欢迎所有年龄段的冒险者。无论是家庭聚会、团队建设还是生日派对，我们都为你提供了独特的活动场所。在这里，你可以与亲朋好友一同度过难忘的时光，共同面对挑战，建立深厚的信任和默契。

预约我们的密室逃脱店铺，迎接充满谜题和惊喜的冒险之旅！我们的专业工作人员将为你提供全程协助，确保你的体验顺利而愉快。这将是一次与现实脱离、进入奇幻世界的冒险，让你释放激情、锻炼思维并收获无穷乐趣。

别再等待了！立即预约我们新开业的密室逃脱店铺，开启一段属于你的精彩冒险。迎接挑战、解开谜题，与你的团队一同追寻胜利的喜悦。我们诚挚邀请你加入我们的冒险家大家庭，创造属于你的传奇故事！

解锁密室逃脱的奥秘，探索无限可能的冒险之旅，新开业的密室逃脱店铺即将为你带来一场前所未有的体验。别错过这个让你身临其境、成为主角的机会！现在就行动起来，预约你的冒险之旅吧！

图 10-12　ChatGPT 生成正式的互动体验类视频文案

10.5　情节叙事类视频文案

情节叙事类视频文案是指以讲故事的形式来描述视频内容的文字。这类文案通常借助镜头语言呈现现实生活或反衬现实生活，以讲故事的方式引人入胜。

情节叙事类视频文案的题材内容包括但不限于亲情、爱情、友情等关乎人类情感的故事。现今，在各大短视频平台中，最为热门的情节叙事类视频文案是创作者虚构一个爱情故事，将其作为视频脚本，用镜头的方式呈现出来。

我们运用ChatGPT生成情节叙事类视频文案时，也可以先让ChatGPT虚构一个故事，再让ChatGPT将故事改成视频脚本，具体的操作步骤如下。

步骤 01 让ChatGPT虚构一个故事，如在输入框中输入"提供一个关于男女主邂逅的故事，包括比较独特的场景、人物对话和心理独白"关键词，生成的回复如图10-13所示。

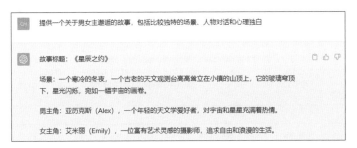

图 10-13　ChatGPT 虚构的故事

步骤02 让ChatGPT将虚构的故事生成视频脚本，如在输入框中输入"将上述故事用镜头脚本的方式呈现出来。镜头脚本要以表格的方式呈现以下内容：分镜序号、景别（中近远特写等镜头）、画面描述、对话台词（包括人物对话时动作、语言、神态等，越详细越好）、背景音乐（给出具体的歌曲名称）"关键词，生成的回复如图10-14所示。可以看出，ChatGPT对景别的理解和背景音乐的把控不够准确，因此其脚本只作为参考。

将上述故事用镜头脚本的方式呈现出来。镜头脚本要以表格的方式呈现以下内容：分镜序号、景别（中近远特写等镜头）、画面描述、对话台词（包括人物对话时动作、语言、神态等，越详细越好）、背景音乐（给出具体的歌曲名称）

分镜序号	景别	画面描述	对话台词	背景音乐
1	外景 - 天文观测台 - 夜晚	星光闪烁的穹顶下，亚历克斯手握热可可仰望星空。	无对话	清澈的星空背景音乐
2	外景 - 天文观测台 - 夜晚	艾米丽穿着着自由风格的服装，背着摄影包走近亚历克斯。	艾米丽：嗨，你也对星星感兴趣吗？	轻快的背景音乐
3	外景 - 天文观测台 - 夜晚	亚历克斯微笑回答艾米丽。	亚历克斯：是的，我是个天文迷。这个地方有一种特殊的魔力，每当我来到这里，我就感觉自己与宇宙更加亲近。	温暖的背景音乐
4	外景 - 天文观测台屋顶 - 夜晚	艾米丽开始调整相机角度。	艾米丽：亚历克斯，我需要一个模特，能请你帮我一下吗？	柔和的背景音乐
5	外景 - 天文观测台屋顶 - 夜晚	亚历克斯有些吃惊，但点头同意。	亚历克斯（微笑）：当然，我很愿意帮忙。	安静的背景音乐
6	外景 - 天文观测台屋顶 - 夜晚	艾米丽拿出相机，开始拍摄。	无对话	富有层次感的背景音乐
7	外景 - 天文观测台屋顶 - 夜晚	亚历克斯仰头望向星空。	无对话	深邃而悠远的背景音乐
8	外景 - 天文观测台屋顶 - 夜晚	亚历克斯微笑着看着艾米丽。	亚历克斯：或许每个人内心都有一颗属于自己的星，我们只需要找到它，并以此为指引，追逐自己的梦想。	温馨的背景音乐

9	外景 - 天文观测台屋顶 - 夜晚	艾米丽微笑回应亚历克斯。	艾米丽：你说得对。我想，每个人都应该有勇气追逐内心真正的声音，去发现属于自己的星辰之路。	梦幻而宽广的背景音乐
10	外景 - 天文观测台屋顶 - 夜晚	亚历克斯和艾米丽的对话逐渐转向人生哲学和未来的憧憬。	亚历克斯：每个人都有自己的梦想和希望，我们可以成为彼此的支持者和倾听者。	温和而鼓舞人心的背景音乐
11	外景 - 天文观测台屋顶 - 夜晚	亚历克斯和艾米丽感受到彼此之间的吸引力，决定继续探索星空。	亚历克斯（心理独白）：我从未遇见过如此独特的女孩，她的眼神中有着无尽的创造力和勇气。	激动而浪漫的背景音乐
12	外景 - 天文观测台屋顶 - 夜晚	亚历克斯和艾米丽握着彼此的手，发誓一起探索宇宙的奇迹。	无对话	欢快而充满希望的背景音乐

请注意，背景音乐的具体歌曲名称可根据故事氛围和风格进行选择，以上只是示例。

图 10-14　ChatGPT 生成情节叙事类视频文案

10.6　干货分享类视频文案

干货分享类视频文案是指在视频内进行知识分享、实用性技能传授的文字描述，能够帮助受众丰富自己的知识、提高能力或解决问题。这类文案的呈现方式可以是图文视频，也可以是口播视频。本节将介绍运用ChatGPT生成干货分享类视频文案的操作方法。

扫码看教学视频

步骤 01 让ChatGPT生成对话前提，在输入框中输入"提供完整的口播视频脚本文案示例"关键词，生成的部分回复如图10-15所示，确认ChatGPT是否了解口播视频脚本文案的写法。

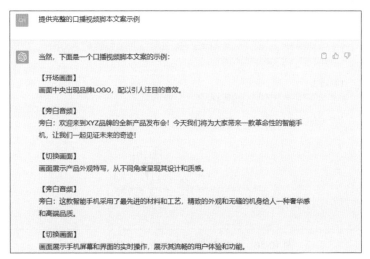

图 10-15

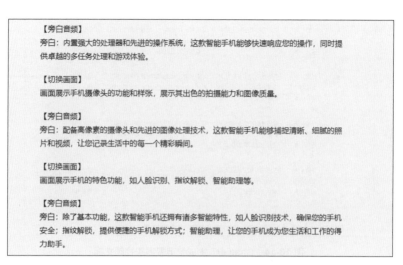

图 10-15　ChatGPT 生成部分的对话前提内容

★ 专 家 提 醒 ★

Continue generating（继续生成）按钮是 ChatGPT 这个 AI 工具为方便用户需要长篇的文字参考而设置的按钮，单击该按钮，ChatGPT 会接着上面的内容继续生成。在 ChatGPT 的对话窗口中，还有 Regenerate response（重新生成回复）按钮，单击这个按钮，ChatGPT 会自动消除当前正在生成的内容，重新生成更符合需求的内容。

步骤02 让ChatGPT生成完整的对话前提内容。当ChatGPT生成的答案因内容太多出现中断时，可以单击Continue generating按钮，如图10-16所示，即可继续生成连续性的内容，如图10-17所示。

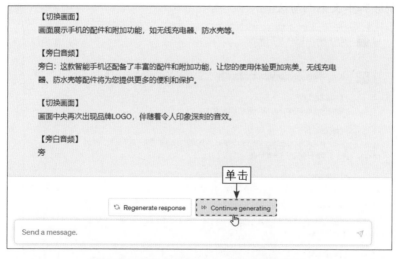

图 10-16　单击 Continue generating 按钮（1）

【切换画面】
画面中央再次出现品牌LOGO，伴随着令人印象深刻的音效。

【旁白音频】
旁白：感谢大家的观看！这款智能手机将在本月底正式上市，敬请期待！更多关于我们的产品和品牌，请访问我们的官方网站。谢谢！

【结束画面】
画面渐渐淡出，最后显示品牌LOGO和联系方式。

请根据具体情况和需求，自行调整和修改该示例脚本，以适应您的口播视频内容。

图 10-17　ChatGPT 继续生成连续性的内容

步骤03 赋予ChatGPT以身份，让ChatGPT从专业角度进行知识分享。在输入框中输入"你是一名收纳师，现在需要你分享一些专业的收纳技能，以口播视频脚本文案的方式来分享"关键词，生成的部分干货分享类视频文案如图10-18所示。

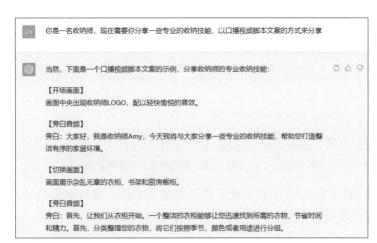

你是一名收纳师，现在需要你分享一些专业的收纳技能，以口播视频脚本文案的方式来分享

当然，下面是一个口播视频脚本文案的示例，分享收纳师的专业收纳技能：

【开场画面】
画面中央出现收纳师LOGO，配以轻快愉悦的音效。

【旁白音频】
旁白：大家好，我是收纳师Amy，今天我将与大家分享一些专业的收纳技能，帮助您打造整洁有序的家居环境。

【切换画面】
画面展示杂乱无章的衣柜、书架和厨房橱柜。

【旁白音频】
旁白：首先，让我们从衣柜开始。一个整洁的衣柜能够让您迅速找到所需的衣物，节省时间和精力。首先，分类整理您的衣物，将它们按照季节、颜色或者用途进行分组。

【切换画面】
画面展示整齐叠放的衣物和衣柜内部的收纳盒。

【旁白音频】
旁白：接下来，使用合适的衣架和抽屉隔板来最大化利用衣柜的空间。叠放衣物时，使用折叠技巧，将它们整齐地叠放在一起。同时，使用透明的收纳盒，可以方便地查找和存放小物件。

【切换画面】
画面展示混乱的书架和书籍的分类整理。

【旁白音频】
旁白：接下来，我们来看书架的整理。将书籍按照主题、作者或者类型进行分类，可以让您更容易找到所需的书籍。同时，使用书架上的隔板和收纳盒来分隔不同的区域，确保每本书都有固定的位置。

【切换画面】
画面展示乱七八糟的厨房橱柜和收纳器具。

图 10-18　ChatGPT 生成的部分干货分享类视频文案

步骤 04 单击Continue generating按钮，如图10-19所示，让ChatGPT生成完整的干货分享类视频文案，如图10-20所示。

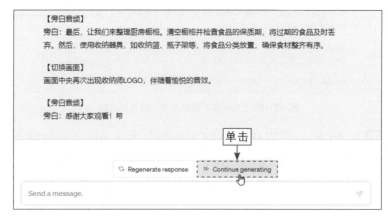

图 10-19 单击 Continue generating 按钮（2）

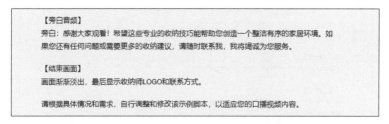

图 10-20 ChatGPT 生成的完整的干货分享类视频文案

可以看出，ChatGPT按照要求生成了满足需求的口播视频，且结合文案和拍摄画面为我们提供了参考，行之有据，具有一定的实用性。

10.7 影视解说类视频文案

影视解说类视频文案是指对简要介绍电影、电视剧情节的视频内容进行描述的文字。这类文案一般用语幽默、简洁、具有概括性，能够高度概括剧集内容，并以最短的时间和最快的速度传达给受众。本节将介绍运用ChatGPT生成影视解说类视频文案的操作方法。

扫码看教学视频

步骤 01 确保ChatGPT了解影视解说类视频文案，在输入框中输入"影视解说类视频文案是什么"关键词，生成的回复如图10-21所示。

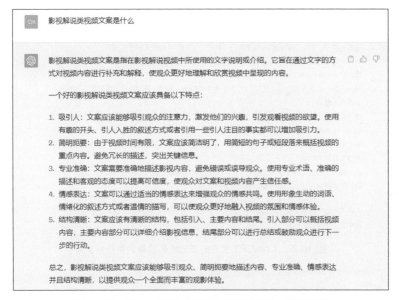

图 10-21 ChatGPT 生成的影视解说类视频文案的释义

步骤02 要让ChatGPT生成正式的影视解说类视频文案，可在输入框中输入"提供影视解说类视频文案，主题为简要概括《老友记》第1～2集的情节，要用吸引人、幽默的语言来概括，字数在300字以内"关键词，生成的回复如图10-22所示。

图 10-22

集数2: The One with the Sonogram at the End

让我们继续这个超级搞笑的冒险吧!

在这一集中，我们与我们的六位主角们一起经历了一些新的困扰和爆笑时刻。

首先，让我们看看罗斯，他正在和他离婚的妻子卡罗尔共同度过一次超级尴尬的孕妇B超检查。你绝对不能错过他们之间的滑稽互动!

另一方面，摩妮卡因为一次奇怪的饭局而遭受了困扰，但你知道吗? 这只是她精心准备的一道幽默大餐!

钱德勒和乔伊则在公寓里面遇到了一些不速之客，让他们差点吓得尿裤子! 这两个家伙总是陷入一些有趣的窘境，而我们则乐此不疲地笑个不停。

与此同时，瑞秋在她的咖啡馆工作中遇到了一个令人心动的陌生人。这是一段激情四溢的恋爱故事开始的前奏!

这一集中，我们见证了更多的笑料、更多的友谊和更多的故事。这群好朋友们总是给我们带来欢笑和温暖，让我们对未来的集数充满期待!

快来加入这个喜剧宇宙，和这些迷人的角色一起度过欢乐时光! 《老友记》，带你走进一个让你笑个不停的世界!

图 10-22　ChatGPT 生成的正式的影视解说类视频文案

本章小结

　　本章主要向读者介绍了使用ChatGPT生成短视频文案的方法。先介绍了短视频标题文案和分镜头脚本文案的生成方法，然后举例介绍了5种视频文案的生成方法，帮助大家熟练运用AI来创作视频文案。希望读者学完本章的内容后，及时实操练习，并举一反三、学以致用，以真正掌握这些方法。

课后习题

　　鉴于本章知识的重要性，为了帮助读者更好地掌握所学知识，本节将通过课后习题，帮助读者进行简单的知识回顾和补充。

　　1. 尝试让ChatGPT生成带有小红书风格的视频标题文案。

　　2. 尝试让ChatGPT将你所喜欢的剧集生成影视解说类视频文案。

第 11 章

直播类文案：用 AI 提升直播流量

直播类文案是指在直播中需要用到的文字内容，包括直播脚本文案、直播标题文案、直播封面文案、直播预热文案、直播热评文案和直播金句等。本章将介绍运用 ChatGPT 生成这 6 种直播文案的操作方法。

11.1 直播脚本文案

扫码看教学视频

直播脚本文案是指对直播活动中的各个流程进行合理规划并形成的文稿。这类文案能够帮助直播人员有秩序地进行直播活动，从而顺利地完成直播任务。

一般来说，直播活动分为游戏直播、泛娱乐直播和电商直播3种，用户运用ChatGPT生成直播脚本文案，可以结合直播活动的类型来编写关键词。本节将以运用ChatGPT生成电商直播脚本为例来介绍具体的操作方法。

步骤01 在ChatGPT的输入框中输入对话背景，如输入"电商直播一般有哪些流程"关键词，生成的回复如图11-1所示，确保ChatGPT了解电商直播。

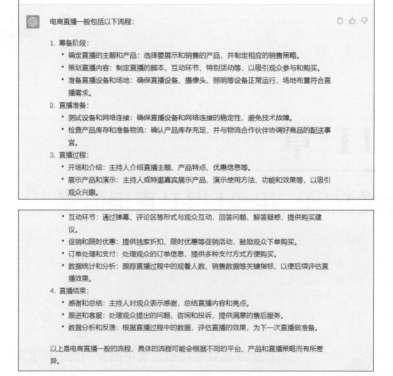

图 11-1 ChatGPT 生成的对话背景回复

步骤02 在ChatGPT的输入框中输入具体的需求，如输入"结合电商直播的流程，策划一场主题为618购物节的电商直播活动，要有具体的流程安排和优惠信息"关键词，便可以得到ChatGPT生成的直播脚本文案，如图11-2所示。

CH　结合电商直播的流程，策划一场主题为618购物节的电商直播活动，要有具体的流程安排和优惠信息

以下是一场主题为618购物节的电商直播活动的流程安排和优惠信息：

1. 筹备阶段：
   - 确定主题：618购物节超级狂欢直播
   - 产品策划：选择热门商品，并准备各类商品样品和资料。
   - 脚本和互动策划：编写直播脚本，包括产品介绍、促销活动和互动环节。
   - 设备和场地准备：测试摄像头、照明等设备，确保设备正常运行。布置直播场地，营造购物节氛围。
2. 直播准备：
   - 测试设备和网络连接：确保直播设备和网络连接稳定。
   - 检查产品库存和准备物流：确认所选产品库存充足，并与物流合作伙伴协调商品的配送。

3. 直播过程：
   - 开场：主持人兴奋介绍618购物节活动，展示购物节主题。
   - 热门产品展示：逐个展示热门产品，介绍产品特点、功能和使用方法。
   - 互动环节：与观众互动，回答问题，解答疑惑，并提供购买建议。
   - 促销和限时优惠：提供独家折扣、满减优惠、赠品等促销活动，吸引观众购买。
   - 现场抽奖：设置现场抽奖环节，增加观众参与度。
   - 订单处理和支付：提供方便的下单和支付方式，确保购买流程顺畅。
   - 数据统计和分析：实时跟踪观看人数、销售数据等关键指标，评估直播效果。
4. 直播结束：
   - 总结和感谢：主持人总结直播内容和亮点，并感谢观众的支持和参与。
   - 售后服务：提供售后支持，处理观众的问题、咨询和投诉。
   - 数据分析和反馈：根据直播数据和观众反馈，评估活动效果，为下一次直播做准备。

优惠信息：

- 超级狂欢折扣：所有参与直播的产品享受最低6.18折的特别折扣。
- 满减优惠：购物满一定金额即可享受额外的满减优惠，例如满200元减20元。
- 赠品活动：购买指定产品可获得限量赠品，数量有限先到先得。
- 现场抽奖：观众在直播过程中参与互动，有机会获得丰厚的抽奖奖品，包括商品和现金券等。

以上是一场主题为618购物节的电商直播活动的流程安排和优惠信息。具体的活动细节和优惠内容可以根据实际情况进行调整和增加。

图 11-2　ChatGPT 生成的直播脚本文案

11.2　直播标题文案

　　直播标题文案是指发布直播活动的时间、主题等信息在内的文字，能够起到宣传直播活动、吸引受众注意力的作用。在直播活动的标题文案中，一般会直接写明直播开始的时间、直播的主题和受众的利益点，吸引受众关注直播。本节将介绍运用ChatGPT生成直播标题文案的操作方法。

扫码看教学视频

步骤01 在ChatGPT的输入框中输入对话背景，如输入"宣告直播活动的标题文案有哪些类型"关键词，生成的回复如图11-3所示，确认ChatGPT是否了解直播标题文案。

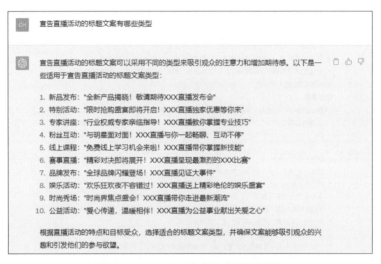

图11-3　ChatGPT 生成的对话背景回复

步骤02 输入具体需求，如输入"用公益活动的标题形式，为一场农产品直播专场提供标题文案，要有吸引力、突出主题"关键词，便可以得到ChatGPT生成的直播标题文案，如图11-4所示。

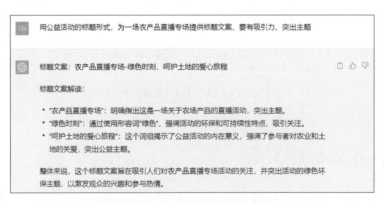

图11-4　ChatGPT 生成的直播标题文案

步骤03 优化ChatGPT生成的答案，如输入"做出以下修改：1、添加具体的直播时间；2、从受众的角度出发说明利益点；3、语言更活泼、俏皮一些"关键词，生成的回复如图11-5所示，让ChatGPT生成带有互联网特性的直播标题文案。可以看出，ChatGPT根据修改要求给出了比较有参考价值的文案。

图 11-5　ChatGPT 生成的带有互联网特性的直播标题文案

11.3　直播封面文案

直播封面文案是指在直播海报或直播主页上显示的文字内容。通常情况下，直播封面文案的特点是文字简短、高度概括和凝练主题、对受众有吸引力，如"购物车的秘密"。用户在运用ChatGPT生成直播封面文案时，可以让ChatGPT融入修辞手法来生成文案，使文案更具创意性和吸引力，具体的操作方法如下。

扫码看教学视频

步骤 01 在ChatGPT的输入框中输入对话背景，如输入"直播封面文案是指在直播海报或直播主页上显示的文字内容，有着文字简短、凝练主题的特点。提供5个直播封面文案示例"关键词，生成的回复如图11-6所示，让ChatGPT对直播封面文案有一定的了解。

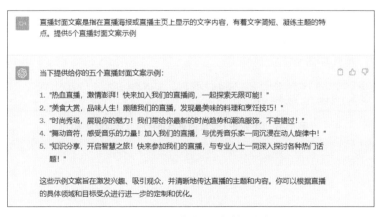

图 11-6　ChatGPT 生成的直播封面文案示例

步骤 02 输入具体的需求，如输入"用直播封面文案的写法，提供游戏直播的封面文案"关键词，生成的回复如图11-7所示。

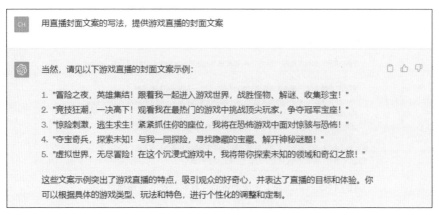

图 11-7 ChatGPT 生成的满足需求的直播封面文案

步骤 03 优化ChatGPT生成的答案，如输入"做出以下修改：1、用词更具新颖性、独特性；2、适当加入隐喻、用典等修辞手法"关键词，便可以得到ChatGPT生成的、更有特色的直播封面文案，如图11-8所示。

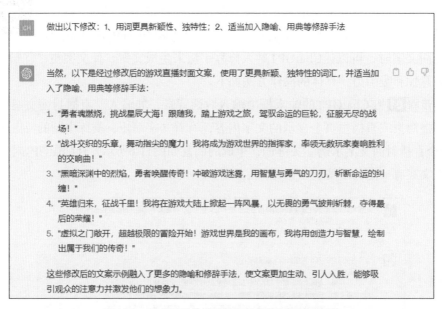

图 11-8 ChatGPT 生成的更有特色的直播封面文案

11.4 直播预热文案

直播预热文案是指在直播活动开始之前对直播进行宣传、推广的文字内容。这类文案有两大呈现方法，一是在将要直播的平台上进行内容发布；二是在将要直播的平台之外的平台上进行内容发布，不同的呈现方式决定着直播预热文案的语言风格。

扫码看教学视频

一般来说，抖音平台无论是否作为将要直播的平台，都会成为直播预热文案的主要呈现形式之一。因此，直播预热文案的语言风格多带有抖音平台文案的特点。本节将介绍运用ChatGPT生成直播预热文案的操作方法。

步骤01 在ChatGPT的输入框中输入对话前提，如输入"提供5个适合于在抖音上宣传直播活动的文案"关键词，ChatGPT会生成符合抖音语言调性的文案，如图11-9所示。

> CH 提供5个适合于在抖音上宣传直播活动的文案
>
> 当然！以下是五个适合在抖音上宣传直播活动的文案：
>
> 1. 热情直播，狂欢不停！🔥🎊
>   快来参加我们的直播活动，与最棒的主持人互动，赢取丰厚奖品！不容错过的狂欢，现在就加入吧！#直播狂欢 #精彩活动
> 2. 独家直播，你是主角！🎤🎭
>   在我们的直播中，你将成为焦点！展示你的才艺，与粉丝互动，赢取惊喜大奖！别犹豫，现在就来参加吧！#我是主角 #直播互动
> 3. 惊喜连连，直播等你！🎉🎁
>   别错过我们的直播活动！每分钟都有新惊喜等着你，抢先参与抽奖，赢取限量好礼！快来加入我们，享受精彩时刻！#惊喜连连 #限量好礼
> 4. 直播倒计时，全新发布！📷📣
>   我们将在直播中发布全新产品！你将第一时间了解到最新资讯，并有机会获得独家优惠！别错过这个绝佳机会，立即设置提醒！#全新发布 #直播优惠
> 5. 超级直播，狂欢盛典！🎉🎊
>   欢迎来到我们的超级直播盛典！与明星亲密互动，观看精彩演出，并有机会赢取豪华旅游套餐！立即加入我们，开启狂欢之旅！#超级盛典 #豪华奖品
>
> 希望这些文案能够吸引更多用户参与你的直播活动！记得根据实际情况进行调整，使其更符合你的品牌和活动主题。祝你的直播活动圆满成功！

图 11-9　ChatGPT 生成的符合抖音语言调性的文案

步骤02 在ChatGPT的输入框中输入具体需求，如输入"用上述宣传文案的写法，提供以摄影书分享为主题的直播活动宣传文案"关键词，让ChatGPT生成

正式的直播预热文案，如图11-10所示。

> CH 用上述宣传文案的写法，提供以摄影书分享为主题的直播活动宣传文案
>
> 当然！以下是以摄影书分享为主题的直播活动宣传文案：
>
> 1. 热情直播，摄影书分享不停！📷🎥
>   快来参加我们的直播活动，与摄影大师一起分享摄影书中的精彩故事和技巧！与我们一起探索摄影的奥秘，赢取限量版摄影书！#摄影书分享 #摄影故事
> 2. 独家直播，摄影艺术你来演绎！🎇📸
>   在我们的直播中，你将有机会展示自己的摄影作品，并与摄影爱好者互动交流，赢取专业摄影工具和课程！立即加入我们，开启摄影之旅！#我是摄影师 #直播互动

> 3. 惊喜连连，摄影书等你！🎁🎞
>   别错过我们的直播活动！我们将送出摄影书的豪华套装，每本书都充满了灵感和创意！立即参与抽奖，赢取属于你的摄影宝藏！#惊喜连连 #摄影宝藏
> 4. 直播倒计时，摄影书新品发布！⏰📢
>   我们将在直播中发布最新的摄影书作品！你将第一时间了解到摄影界的最新趋势和灵感，更有机会获得独家签名版摄影书！别错过这个绝佳机会，立即设置提醒！#最新发布 #直播优惠
> 5. 超级直播，摄影书分享盛典！🎊🎥
>   欢迎来到我们的超级直播盛典！与知名摄影师亲密互动，聆听他们的创作心得，参与抽奖，赢取私人签名摄影书和一对一指导！立即加入我们，开启摄影艺术之旅！#超级盛典 #签名摄影书
>
> 希望这些文案能够吸引摄影爱好者参与你的直播活动！记得根据实际情况进行调整，使其更符合你的品牌和活动主题。祝你的直播活动取得巨大成功！

图 11-10　ChatGPT 生成的正式的直播预热文案

11.5 直播热评文案

直播热评文案是指在直播平台或社交媒体上，主播针对正在进行的直播活动发表有趣、引人注目或创造性的评论。这些评论旨在吸引受众的注意力，增加互动和讨论，并提供娱乐价值。

扫码看教学视频

直播热评文案有以下几种类型，如图11-11所示。

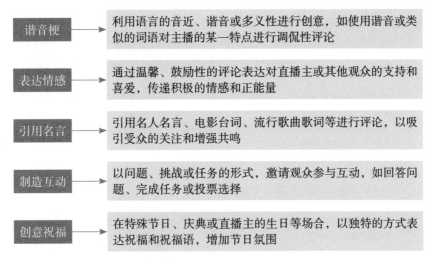

图 11-11　直播热评文案的类型

用户运用ChatGPT生成直播热评文案，可以根据直播热评文案的类型来编写关键词，具体的生成方法如下。

步骤01 在ChatGPT的输入框中输入对话前提，如输入"提供5个直播热评文案示例"关键词，生成的回复如图11-12所示，确保ChatGPT了解直播热评文案。

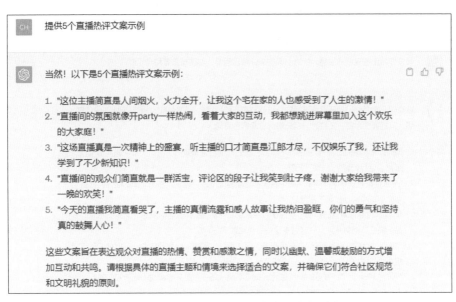

图 11-12　ChatGPT 生成的直播热评文案示例

步骤02 输入具体需求，如输入"为以开盲盒为主题的直播活动，提供热评文案"关键词，生成的回复如图11-13所示。

> CH 为以开盲盒为主题的直播活动，提供热评文案

> 当直播活动以开盲盒为主题时，可以使用以下热评文案来增加观众的互动和兴趣：
>
> 1. "每次看到主播打开盲盒的刹那，我都忍不住屏幕前的紧张，一起来猜猜这次会是哪个宝贝呢？"
> 2. "盲盒的魔力就是能给人无限的期待和惊喜，每个盒子都是一个未知的宝藏，我现在也捧着盒子，一起和主播开启探险之旅！"
> 3. "在这个直播间，我们都成了盲盒狂热者，每次开盒都像是在揭开神秘的面纱，感受到那份独特的心跳和激动！"
> 4. "主播的运气真是不可思议，每次开盲盒都能捡到稀世珍宝，我也被你的好运气感染了，一起为每一个宝贝欢呼吧！"
> 5. "盲盒的魅力在于它的神秘性，每次都不知道会得到什么，但这种惊喜和未知感让人上瘾，我已经完全沉迷其中了！"
>
> 这些文案旨在表达对盲盒开启过程的期待、兴奋和惊喜，同时与主播和其他观众一同分享这个独特的体验。可以结合盲盒的特点和内容，使用一些形象生动的词语或隐喻，营造出更加生动有趣的热评文案。记得在文案中保持积极、友好和尊重他人的态度。

图 11-13　ChatGPT 生成的满足需求的直播热评文案

步骤03 让ChatGPT作为主播对所生成的热评进行回复，如在输入框中输入"假设你是正在直播的主播，针对上面的热评给出回复，要带有温馨和亲切感"关键词，生成的回复如图11-14所示。

> CH 假设你是正在直播的主播，针对上面的热评给出回复，要带有温馨和亲切感

> 观众们，谢谢你们对开盲盒直播的热情参与和支持！看到你们的评论我感到无比温暖和亲切，真的很感谢每一个和我一起分享这份盲盒惊喜的人！
>
> 1. "嗯嗯，其实每次打开盲盒的那一瞬间，我的心情也是紧张得不行！大家一起来猜猜这次的盲盒会给我们带来怎样的惊喜吧？"
> 2. "没错！盲盒就是这样神奇，每个盒子都蕴藏着无限的可能性。感谢大家的陪伴，让我们一起开启这个神秘宝藏的探险之旅吧！"
> 3. "其实我也是被盲盒的神秘吸引住了，每次都有一种揭开未知的刺激感。大家别忘了，我们是一群狂热的盲盒迷，一起分享这份心跳和激动吧！"
> 4. "是啊，我也觉得自己的运气有点离谱，每次都能捡到宝贝级别的东西。不过你们的支持和祝福也是我好运气的原因之一！感恩有你们一起为每个宝贝欢呼呢！"
> 5. "你们说得太对了！盲盒的神秘感让人欲罢不能，每一次的开启都是一场未知的冒险。我也完全沉迷其中了，好在有你们一起分享这份独特的迷恋！"
>
> 感谢大家的评论和互动，你们的热情和支持是我坚持直播的动力！让我们继续一起创造更多的惊喜和美好时刻吧！亲亲~

图 11-14　ChatGPT 针对直播热评文案给予回复

11.6　直播金句

扫码看教学视频

直播金句是指在直播活动中获得受众广泛关注的、引起大众一致好评，且能够令受众印象深刻的文字内容。这类文案通常有以下3个特点。

（1）短而吸睛：指直播金句一般是句式简短的，能够快速吸引受众的眼球，并给予受众一定的冲击力，如"人多人少，气势不倒"。

（2）有好奇点：指直播金句运用设置悬疑、制造疑点的方式，激发受众的好奇心，让受众想要进入直播间一探究竟，如"一个小常识，每天睡前喝一杯牛奶，比不喝的人要更……"，用省略号激发受众的好奇心。

（3）有共鸣点：直播金句所涉及的话题、主题等能够满足受众的心理需求，或传达新的价值观点，或引起受众的共鸣，如"人生如同一条河，不存在过去与未来，能看到的只有当下"。

用户在运用ChatGPT生成直播金句时，可以结合直播平台的受众喜好和直播金句的特点来编写关键词，操作方法如下。

步骤01 在ChatGPT的输入框中输入对话前提，如输入"直播金句是指有美感、有思想深度和能引起人共鸣的文字。提供5个直播金句示例"关键词，生成的回复如图11-15所示，确保ChatGPT对直播金句有所了解。

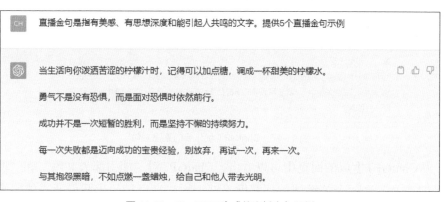

图 11-15　ChatGPT 生成的直播金句示例

步骤02 输入具体的主题，如输入"提供关于爱情的直播金句，要能够引起人共鸣的"关键词，生成的回复如图11-16所示。

步骤03 优化ChatGPT的回复，如输入"引用名言名句或运用修辞手法，增加上述句子的深度"关键词，生成的回复如图11-17所示。

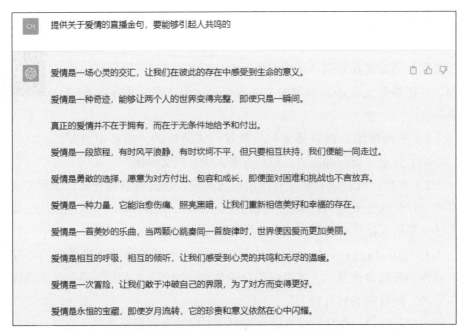

图 11-16　ChatGPT 生成的带有主题的直播金句

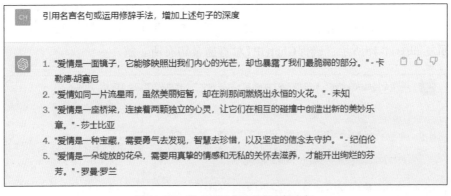

图 11-17　ChatGPT 优化后的直播金句

从ChatGPT生成的回复中可以看出，ChatGPT对"能引起人共鸣"和"增加句子的深度"这两个关键词的理解度不够，无法准确地给出我们所需的答案，甚至所给的答案中还可能存在事实性的错误，因此运用ChatGPT生成的直播金句，仅作为创作金句的灵感来源，真正地创作金句还需要用户不断地学习、积累与思考。

本章小结

　　本章主要向读者介绍了运用ChatGPT生成直播类文案的方法，包括直播脚本文案、直播标题文案、直播封面文案、直播预热文案、直播热评文案和直播金句的生成方法，让读者学会运用ChatGPT为直播活动助力。

课后习题

　　鉴于本章知识的重要性，为了帮助读者更好地掌握所学知识，本节将通过课后习题，帮助读者进行简单的知识回顾和补充。

　　1. 尝试运用ChatGPT生成直播脚本文案，策划一场"双11购物节"的直播活动。

　　2. 尝试运用ChatGPT为你所喜欢的直播内容生成热评文案。

第 12 章

学术类文案：用 AI 解决各种难题

学术类文案是指学术研究或办公事务方面的文字内容。我们运用 ChatGPT 的文本生成功能便可以轻松获得学术类文案参考，极大地提高了学习和工作的效率。本章将介绍运用 ChatGPT 生成学术类文案的操作方法。

12.1 论文大纲

论文大纲是指论文的整体框架，相当于大树的枝干，好的大纲能够成就枝繁叶茂。对有学术需求的用户来说，拟好大纲是在撰写论文的过程中最重要的一步，决定着论文内容的填充和顺利完成程度。ChatGPT的文本生成功能，可以为用户提供拟写论文大纲的灵感，从而提高撰写论文的效率。

扫码看教学视频

本节将介绍运用ChatGPT生成论文大纲的操作方法。

步骤 01 在ChatGPT的输入框中输入对话提示，如输入"论文大纲一般包含哪些要素"关键词，生成的回复如图12-1所示，确认ChatGPT对论文大纲是否了解。

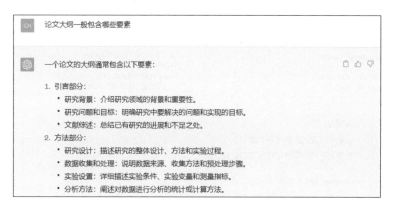

图 12-1　ChatGPT 生成的对话提示回复

步骤 02 在ChatGPT的输入框中输入具体的需求，如输入"提供选题为模糊语言的论文大纲"关键词，生成的回复如图12-2所示。需要注意的是，为保证论文的原创度和尊重个人的知识成果，运用ChatGPT生成的论文大纲仅适合作为灵感参考，不建议直接采用。

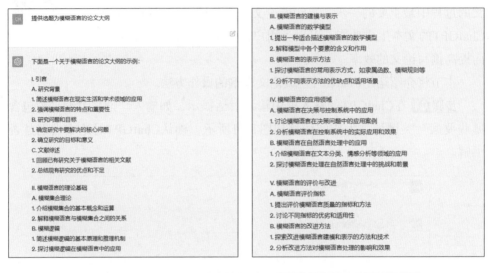

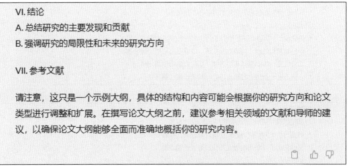

图 12-2　ChatGPT 生成的论文大纲

12.2 论文降重

用户运用ChatGPT可以为论文降重，只需将重复率高的内容输入到ChatGPT的对话框中，让ChatGPT充当论文导师进行论文查重即可，具体的操作方法如下。

扫码看教学视频

步骤 01 赋予ChatGPT一定的身份，在ChatGPT的输入框中输入"请你担任论文导师，把这段论文内容进行降重，语言风格更偏学术一些。论文内容：（重复率较高的内容，大概300字）"关键词，如图12-3所示。

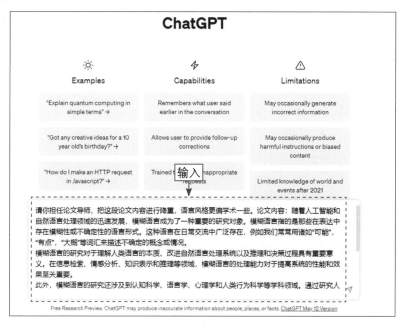

图 12-3　输入关键词

步骤 02 单击输入框右侧的发送按钮 ◁ 或按【Enter】键，ChatGPT即可根据要求改写论文进行降重，如图12-4所示。可以看出，ChatGPT会通过更换同义词来进行降重，运用这个方法，可以减轻论文降重的压力，并提高效率。

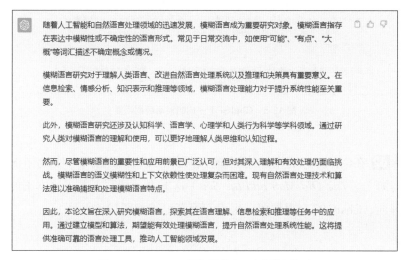

图 12-4　ChatGPT 根据要求改写论文进行降重

12.3 学习笔记

扫码看教学视频

用户运用ChatGPT的语言交互功能，还可以创建学习笔记，从而提高学习效率。本节将介绍运用ChatGPT创建学习笔记的操作方法。

步骤01 在ChatGPT的输入框中输入对话前提，如输入"读书笔记一般包括哪些要素"关键词，ChatGPT生成的回复如图12-5所示，确认ChatGPT是否了解学习笔记的写法。

> CH　读书笔记一般包括哪些要素
>
> 读书笔记是阅读过程中的记录和总结，可以帮助读者加深对书籍内容的理解和记忆。以下是一般情况下读书笔记包括的要素：
>
> 1. 书名和作者：记录书籍的基本信息，包括书名、作者和出版信息，方便以后回顾和参考。
> 2. 内容概述：简要概括书籍的主要内容，包括故事情节、论点、主题等。可以使用标题、关键词或简洁的句子来概括。
> 3. 标记和引用：将书中重要的段落、句子或关键字标记出来，并在笔记中引用。这样可以方便以后回顾和引用，也有助于记忆和理解。
> 4. 主要观点和论证：记录书籍中的主要观点、论点或思想。可以写下作者的观点，以及他们用来支持这些观点的论证和例证。注意要记录论证的逻辑和证据，以及自己对这些观点的理解和看法。
>
> 5. 重要细节和例子：记录书籍中的重要细节、案例或例子，这些细节可以帮助加深理解和记忆。可以写下关键的描述、对话或事件，并思考它们的意义和作用。
> 6. 自我思考和问题：在读书笔记中留出空白或使用特定的标记来记录自己的思考和问题。可以提出自己的观点、疑问或争议，并尝试回答这些问题或思考解决方法。
> 7. 总结和评价：在读完书籍后，进行总结和评价。可以写下对书籍整体的评价，包括喜欢的地方、不喜欢的地方、对作者观点的认同或质疑等。同时也可以总结自己从书中学到的东西和思考的收获。
>
> 读书笔记的具体形式可以根据个人的偏好和需求进行调整和扩展。重点是将关键信息记录下来，并结合自己的思考和理解，形成一份有意义和有价值的读书笔记。

图 12-5　ChatGPT 生成的对话前提回复

步骤02 在ChatGPT的输入框中输入具体需求，如输入"假设你正在阅读《老人与海》（*The Old Man and the Sea*）这本书，请写下关于这本书的读书笔记"关键词，ChatGPT会根据要求生成学习笔记，如图12-6所示。

假设你正在阅读《老人与海》（The Old Man and the Sea）这本书，请写下关于这本书的读书笔记

读书笔记：《老人与海》

书名：《老人与海》（The Old Man and the Sea）
作者：厄内斯特·海明威（Ernest Hemingway）

内容概述：
《老人与海》是一部由海明威创作的著名小说，讲述了古巴老渔民圣地亚哥与一条巨大的马林鱼搏斗的故事。故事中展现了老人孤独、坚毅和对生命的探索。

主要观点和论证：

- 孤独与坚毅：老人圣地亚哥在长时间未能捕获鱼类后，决定独自出海追捕巨大的马林鱼。他展现了孤独与坚毅的品质，对抗逆境，并且不屈不挠地追求自己的目标。

- 人与自然：小说通过老人与海洋之间的战斗，展示了人与自然之间的关系。老人与马林鱼进行了激烈的搏斗，表现了人类对自然的渺小和脆弱，但也展现了人类的勇敢和顽强。
- 生命的意义：通过老人对抗逆境的经历，小说探讨了生命的意义和尊严。圣地亚哥对自己的追求充满了热情和决心，他坚信每个人都应该为自己的梦想和价值而奋斗。

重要细节和例子：

- 老人圣地亚哥与他的小船出海，在漫长的等待后终于与一条巨大的马林鱼搏斗。
- 老人在搏斗的过程中，身体逐渐疲惫，但他依然坚持不懈，毫不退缩地与鱼进行搏斗，展现了顽强的意志力。
- 鱼与老人进行了数天的搏斗，最终老人成功捕获鱼，并将其绑在船上。然而，在回程的途中，鱼被鲨鱼咬食，最终只剩下鱼骨。

继续

自我思考和问题：

- 圣地亚哥为什么对捕获这条巨大的马林鱼如此执着？这背后有何深层的意义？
- 小说中的海洋象征着什么？它对圣地亚哥的心态和行动产生了怎样的影响？
- 圣地亚哥在搏斗的过程中，身体逐渐疲惫，但他依然坚持不懈。这种坚持与生命的意义有何关联？
- 小说中的鲨鱼象征着什么？它们对圣地亚哥的挑战和失败起到了什么作用？
- 圣地亚哥在捕获鱼后受到的质疑和嘲笑是什么意味？它对他的内心和尊严产生了怎样的影响？

总结和评价：
《老人与海》是一部引人深思的小说，通过老人圣地亚哥与马林鱼的搏斗，探讨了孤独、坚毅和生命的意义。小说以简洁的语言和深刻的象征意义，展示了人类与自然的关系以及人类对抗逆境的力量。圣地亚哥的坚持和顽强无畏的精神给人留下了深刻的印象，同时也让读者思考自己对生命的追求和价值的追求。整体而言，这本书以其精彩的故事和深刻的主题，深深地触动了我。

图 12-6　ChatGPT 生成的读书笔记

需要注意的是，用户在让ChatGPT生成读书笔记时，外文书最好在关键词中写明外文书名，以防ChatGPT对书名识别错误。运用这个方法，还可以让ChatGPT生成相应学科知识点的笔记，在关键词中具体说明知识点即可。

12.4 专业解惑

基于ChatGPT强大的信息数据库，ChatGPT可以为用户提供不同领域的专业知识。用户可以把ChatGPT当作一个老师或学者，向其发起询问，ChatGPT会给出比较客观、专业的回复，具体的操作方法如下。

扫码看教学视频

步骤 01 在ChatGPT的输入框中输入问题，如输入"量子纠缠是什么？"关键词，ChatGPT即简要地介绍了量子纠缠的概念、特征和应用，如图12-7所示。

CH 量子纠缠是什么?

量子纠缠是一种量子力学现象，描述了两个或更多个粒子之间的相互关联，这种关联不论它们之间的距离有多远都存在。在量子纠缠中，当两个或多个粒子发生纠缠时，它们的状态将无法独立地描述，而必须考虑整个系统的状态。

在量子力学中，粒子的状态通常用波函数来描述。当两个或多个粒子纠缠在一起时，它们的波函数将变得相互依赖，无法分解成独立的部分。这意味着对一个粒子的测量结果将立即影响到其他纠缠粒子的状态，即使它们之间的距离很远。

量子纠缠的一个重要特征是超越了经典物理中的局域实在论原理。在经典物理中，物体之间的相互作用通过传递信息或力来实现，且作用距离有限。而在量子纠缠中，纠缠粒子之间的相互作用似乎是瞬时的，不受距离限制。

量子纠缠在量子信息科学、量子计算和量子通信等领域具有重要应用。例如，在量子计算中，量子纠缠可以用于实现量子比特之间的并行计算和量子态传输；在量子通信中，量子纠缠可以用于实现安全的量子密钥分发和量子隐形传态等。

尽管量子纠缠的行为非常奇特和难以理解，但它已经在实验中得到了验证，并被广泛接受为量子力学的基本现象之一。

图 12-7 ChatGPT 简要介绍专业知识

步骤 02 进一步了解量子纠缠的相关知识，如输入"详细说明量子纠缠在生活中的应用"关键词，ChatGPT会对量子纠缠的应用展开介绍，如图12-8所示。

> CH　详细说明量子纠缠在生活中的应用

虽然量子纠缠是一项复杂的量子现象，但它在生活中已经开始展示一些潜在的应用。以下是一些目前正在研究和探索的领域：

1. **量子通信安全**：量子纠缠可以用于实现量子密钥分发(QKD)，这是一种基于量子力学原理的安全通信方法。通过利用量子纠缠，通信双方可以实现安全的密钥交换，保护通信内容免受窃听和破解。这项技术有望在银行、政府机构和其他需要高度保密通信的领域得到应用。
2. **量子计算**：量子纠缠在量子计算中扮演着重要角色。通过利用量子纠缠的并行性和量子态的叠加性质，量子计算机可以在某些特定任务上展现出超过传统计算机的计算能力。纠缠的量子比特可以用于并行计算、量子搜索和因子分解等问题。
3. **量子传感器**：利用量子纠缠的特性，可以开发出高灵敏度的传感器。例如，利用纠缠粒子的相干性和测量的相互关联，可以设计出更精确的测量设备，用于测量电磁场、加速度、重力等物理量。这种传感器在地震监测、无损检测和导航系统中可能具有潜在应用。
4. **量子图像和光学**：量子纠缠在图像处理和光学领域也有应用前景。通过利用量子纠缠的非经典特性，可以实现更高分辨率和更快速度的图像传输、图像增强和图像压缩。此外，量子纠缠还可以用于光学成像技术，提供超分辨率和抗干扰能力。

需要注意的是，目前这些应用还处于研究和开发阶段，尚未广泛应用于日常生活中。然而，随着量子技术的不断进步和成熟，量子纠缠的潜在应用可能会在未来得到更多的实现和应用。

图 12-8　ChatGPT 对相关知识点展开介绍

12.5　个人简历

扫码看教学视频

　　在每个人的求职生涯中，简历作为找到心仪工作的"敲门砖"，一直处于非常重要的地位，因此人们会十分重视简历的"包装"。简历最主要的"包装"在于如何绘声绘色又恰到好处地说明个人经历，这并非是人人都擅长的。通常情况下，人们会选择寻找各式各样的模板进行套用，但往往容易落于俗套。

　　而用户通过与ChatGPT对话的方式，便可以让ChatGPT帮忙修改简历，准确地表述个人经历，这样做既可以提高用户制作简历的效率，又可以增加个人简历的价值。本节将介绍ChatGPT在制作个人简历方面的应用。

步骤01 给ChatGPT提供履历，在输入框中输入"这份文案策划专员的履历，有哪些地方可以写得更好？请以专业面试官的角度，提出具体的改进建议。（附上履历）"关键词，ChatGPT会从面试官的角度给出中肯的修改建议，如图12-9所示。

作为专业面试官，我认为这份文案策划专员的履历可以进一步改进以提高其吸引力和表达能力。以下是我针对每个部分的具体建议：

1. 毕业院校和学历：除了提及所在大学的名称和本科学历，可以在此部分加入一些与广告学专业相关的学术成就或荣誉，例如学术奖项、论文发表等。
2. 求职意向：文案策划是一个广泛的领域，可以进一步明确自己的专长或特定行业的兴趣。例如，您可以指出您对数字营销或社交媒体营销的兴趣，或者您在某个特定行业领域的经验。
3. 工作经历：在列举工作经历时，可以更详细地描述您在互联网公司的工作职责和所取得的成就。具体说明您撰写的文案类型（例如广告文案、品牌推广文案、活动文案）以及使用的平台或媒体类型。此外，提及您与团队合作的经验，以及任何取得的具体成果，如提高了点击率、增加了社交媒体关注者等。
4. 语言能力：只提及英语四级可能显得有限。如果您具备其他语言能力或者正在学习其他语言，也应该在这里提及。此外，如果您在英语方面有其他相关成就，如商务英语证书或翻译经验，也可以一并列出。

5. 自我评价：在自我评价部分，可以更加具体地描述您的写作和思考能力，并提供相关例子或实际经验。强调您的创造力、逻辑思维和解决问题的能力。另外，如果您在社交媒体或博客等平台上有自己的创作作品，可以提及并附上链接，以展示您的写作才能和网络嗅觉。
6. 技能：除了熟练操作PS图像制作软件和Office办公软件，您还可以列举其他与文案策划相关的技能。例如，您是否熟悉SEO优化、社交媒体管理、内容管理系统等工具和技术。

通过这些改进，您的履历将更具体、丰富，并能够更好地展示您的能力和潜力。在每一部分，尽量提供具体的例子和数据，以支持您的陈述。同时，确保语言简练、易读，并注意格式和排版的规范性。祝您成功！

图 12-9　ChatGPT 给出简历的修改建议

步骤02 让ChatGPT改写履历，在输入框中输入"以你提出的建议来改写这份履历，改写时用列点的形式"关键词，ChatGPT会根据建议对简历进行修改，如图12-10所示。可以看出，ChatGPT修改好的简历与求职意向相匹配，更突出专业水平和实战能力，能够增加求职成功概率。

以下是改写后的文案策划专员个人简历，采用列点的形式来突出每个部分的内容：

- 毕业院校：××大学
  - 学术成就：获得广告学专业学术奖项
  - 荣誉：发表相关领域论文

- 最高学历：本科
- 所学专业：广告学
- 求职意向：文案策划
  - 兴趣特长：对数字营销和社交媒体营销有浓厚兴趣
  - 行业关注：专注于（特定行业领域）
- 工作年限：1年
- 工作经历：×××互联网公司
  - 职位：营销策划部文案专员
  - 工作职责：
    - 撰写多种文案类型，包括广告文案、品牌推广文案和活动文案
    - 协助设计师实现创意方案
    - 负责整理各项目的新媒体软文
  - 成就：
    - 提高了广告点击率和社交媒体关注者数量
- 语言能力：
  - 英语：四级
  - 其他语言：（列出其他语言能力或正在学习的语言）
  - 相关成就：商务英语证书或翻译经验

- 自我评价：
  - 写作和思考能力：
    - 扎实的文字功底和丰富的想象力
    - 解决问题的能力和逻辑思维
    - 创造力和创意表达能力
  - 网络嗅觉和社会动态捕捉能力：
    - 在社交媒体和博客平台上发布个人创作作品（提供链接）
- 技能：
  - 文案撰写和编辑
  - 广告策划和推广
  - 熟练操作PS图像制作软件和Office办公软件
  - SEO优化和社交媒体管理
  - 熟悉内容管理系统（CMS）

通过这种列点的形式，每个部分的内容更加突出和易读，同时确保了简历的结构清晰和信息的一目了然。在每个部分中，提供了更具体的信息和例子，以支持自己的陈述。同时，语言简洁明了，并注意了格式和排版的规范性。

图 12-10　ChatGPT 根据建议修改好的简历

12.6 商业计划书

商业计划书是展示企业或事业单位的基本状况和未来发展潜力的
书面材料，主要用于企业或事业单位进行招商引资。商业计划书的编
写需按照一定的格式，且要求要素齐全，有一定的专业水准。本节将
介绍运用ChatGPT生成商业计划书的操作方法。

扫码看教学视频

步骤01 在ChatGPT的输入框中输入对话前提，如输入"一份完整的商业计
划书包含哪些要素"关键词，生成的回复如图12-11所示。

> CH　一份完整的商业计划书包含哪些要素
>
> 一份完整的商业计划书通常包含以下要素：
>
> 1. **概述**：提供有关企业的简要介绍，包括企业的名称、定位、使命和愿景等。
> 2. **执行摘要**：概述商业计划的关键要点和亮点，突出企业的竞争优势和市场机会。
> 3. **市场分析**：对目标市场进行详细调查和分析，包括目标市场的规模、增长趋势、竞争对手、目标客户和市场细分等。
> 4. **产品或服务**：描述企业所提供的产品或服务，包括其特点、功能、优势和独特之处。
> 5. **商业模式**：解释企业如何创造价值和实现盈利，包括收入来源、定价策略、销售渠道和分发模式等。
> 6. **组织结构和管理团队**：介绍企业的组织结构和管理团队，包括关键管理人员的背景和经验。
> 7. **市场营销策略**：说明企业的市场推广和销售策略，包括品牌建设、市场定位、目标客户和营销渠道等。

> 8. **运营计划**：描述企业的日常运营活动和流程，包括供应链管理、生产或服务交付、质量控制和客户服务等。
> 9. **财务计划**：列出企业的财务数据和预测，包括收入预测、支出预算、现金流量表、资产负债表和利润表等。
> 10. **风险分析**：评估与企业运营和市场环境相关的风险，并提出相应的风险管理策略。
> 11. **融资计划**：如果需要外部融资，说明融资需求、资金用途和回报预期，并提供融资来源和结构的建议。
> 12. **时间表和里程碑**：规划企业的发展阶段和关键里程碑，展示实施计划的时间表和目标。
> 13. **SWOT分析**：评估企业的优势、劣势、机会和威胁，以便制定相应的战略。
> 14. **法律和合规事项**：说明与企业运营相关的法律要求和合规事项，包括许可证、知识产权和合同等。
>
> 以上是一份完整商业计划书的常见要素，具体的内容和结构可能因不同行业和企业的特点而有所差异。编写商业计划时，可以根据具体情况对这些要素进行调整和适应。

图 12-11　ChatGPT 生成的对话前提回复

步骤02 输入具体的需求，如输入"提供一份关于英语学习App研发的商业
计划书，用于融资"关键词，生成的部分回复如图12-12所示。由此可以看出，
ChatGPT可以结合商业计划书的各个要素和项目需求生成具有参考性的商业计
划书。

> 提供一份关于英语学习App研发的商业计划书，用于融资

商业计划书：英语学习App研发项目

概述：
我们计划开发一款创新的英语学习App，旨在帮助用户提升英语口语、听力、阅读和写作能力。通过结合互动学习、个性化课程和智能评估，我们的App将为用户提供高效、灵活和个性化的学习体验。

执行摘要：
我们的英语学习App将通过以下关键要点和亮点来吸引用户和投资者：

1. 个性化学习路径：根据用户的英语水平和学习目标，提供个性化学习路径和课程推荐，确保学习过程针对性和高效性。
2. 实时语音互动：提供实时语音互动功能，用户可以与母语为英语的老师进行对话练习，提高口语表达和听力理解能力。
3. 智能评估和反馈：通过智能评估技术，定期评估用户的英语能力并提供个性化反馈和建议，帮助用户发现和克服学习中的弱点。
4. 多样化的学习资源：提供丰富多样的学习资源，包括英语文章、听力材料、语法练习和词汇学习等，满足用户不同学习需求。
5. 社交学习社区：建立一个社交学习社区，用户可以与其他学习者交流、分享学习心得和挑战，增强学习动力和互动性。

市场分析：

1. 市场规模：全球英语学习市场规模庞大，据统计，全球有超过10亿人正在学习英语。
2. 市场增长趋势：随着全球化的发展和跨国交流的增加，英语学习的需求不断增长。
3. 竞争对手分析：目前市场上存在一些英语学习App，但大部分仍存在课程单一、缺乏个性化和互动性等问题。
4. 目标客户：我们的目标客户主要是学生、职场人士和自学者，他们渴望提升英语能力以获取更多的学习和职业机会。

产品描述：
我们的英语学习App将包括以下核心功能和特点：

1. 个性化学习路径：根据用户的英语水平、学习目标和兴趣，提供定制化的学习路径和课程推荐。
2. 实时语音互动：用户可以与母语为英语的老师进行实时语音对话练习，提高口语表达和听力理解能力。
3. 智能评估和反馈：通过智能评估技术，定期评估用户的英语能力并提供个性化反馈和建议。
4. 多样化的学习资源：提供丰富多样的学习资源，包括文章、听力材料、语法练习和词汇学习等。
5. 社交学习社区：建立一个社交学习社区，用户可以与其他学习者交流、分享学习心得和挑战，增强学习动力和互动性。

商业模式：
我们的商业模式主要包括以下几个方面：

1. 付费订阅：提供不同等级的付费订阅服务，包括基础课程、高级课程和个性化辅导等。
2. 广告和推广：与相关合作伙伴合作，在App内展示相关广告和推广内容，增加收入来源。
3. 合作机构：与学校、教育机构和企业合作，提供定制化的英语学习解决方案和培训服务。

市场营销策略：
我们将采取以下市场营销策略来推广和推动我们的英语学习App：

1. 数字营销：通过社交媒体广告、搜索引擎优化和内容营销等方式，吸引目标用户并提高品牌知名度。
2. 合作推广：与教育机构、学校和相关行业合作，推广我们的App，并获得更多用户和渠道资源。
3. 用户口碑和推荐：通过提供优质的学习体验和服务，积极争取用户口碑和推荐，扩大用户基础。

财务计划：
我们的财务计划基于以下假设和指标：

1. 用户增长预算：根据市场分析和市场推广预算，预测用户增长率和收入增长率。
2. 成本和支出预算：估计研发、运营、市场推广和人力资源等方面的成本和支出。
3. 收入来源：考虑付费订阅、广告和推广以及合作机构等收入来源，进行收入预测和盈利能力分析。

图 12-12　ChatGPT 生成的商业计划书部分内容

12.7 创建思维导图

思维导图是一种能够帮助我们理清思路、表达思想的思维工具。它具有图文并茂、简单实用、突出重点的特点，旨在帮助我们在日常生活和工作学习中做出高效的决策。用户可以运用ChatGPT生成制作思维导图的代码，然后将代码复制到可以生成思维导图的网站中，便能够得到我们所需的思维导图，具体的操作方法如下。

扫码看教学视频

步骤01 让ChatGPT生成相应主题的大纲，如输入"提供一个关于职业规划的课程大纲"关键词，ChatGPT即可生成完整的课程大纲，部分内容展示如图12-13所示。

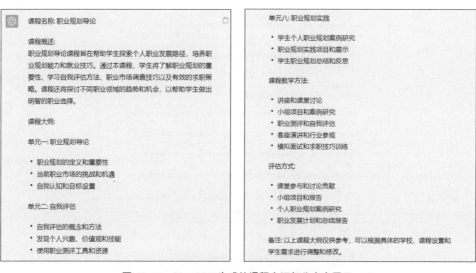

图 12-13 ChatGPT 生成的课程大纲部分内容展示

步骤02 让ChatGPT将课程大纲转换为OPML代码，如输入"将上述课程大纲转换为OPML代码"关键词，ChatGPT会生成可以制作思维导图的代码，部分代码如图12-14所示。

图 12-14　ChatGPT 生成相应的代码（部分内容）

步骤 03 将ChatGPT生成的代码复制、粘贴至记事本中，保存并修改记事本的文件扩展名为.opml。在浏览器中搜索"幕布在线编辑"，选择"幕布"官方网站进入，在"幕布编辑"页面中单击●按钮，如图12-15所示。

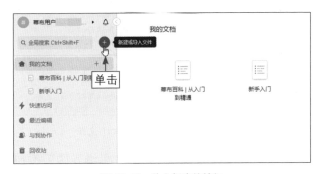

图 12-15　单击相应的按钮

步骤 04 依次选择"导入"选项和"导入OPML"选项，会弹出"导入OPML"对话框，如图12-16所示。

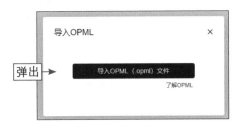

图 12-16　弹出"导入 OPML"对话框

步骤 05 单击"导入OPML（.opml）文件"按钮，找到我们前面保存好的代码文件并打开，便可以将文件导入到"幕布编辑"页面中，如图12-17所示。

图 12-17　导入 OPML（.opml）文件

步骤 06 单击"幕布编辑"页面右上角的"思维导图"按钮，如图12-18所示，即可生成以课程大纲为内容的思维导图，如图12-19所示。

图 12-18　单击"思维导图"按钮

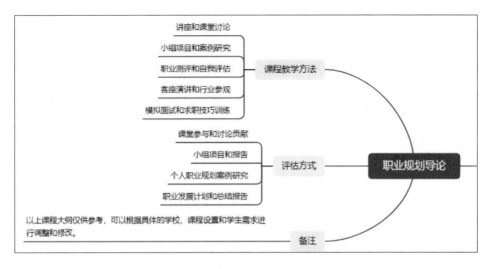

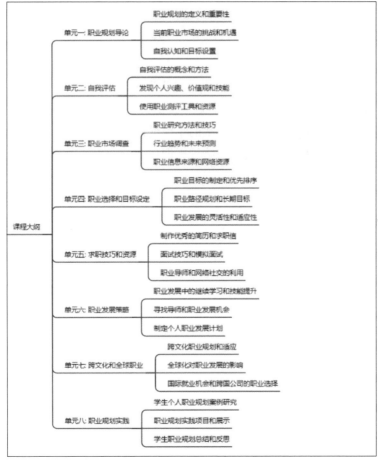

图 12-19　生成以课程大纲为内容的思维导图

★ 专家提醒 ★

大纲处理标记语言（Outline Processor Markup Language，OPML），是一种文件保存格式。"幕布"是一款可以线上编辑的思维概要整理工具，能够快速生成不同图形组合的思维导图。

本章小结

本章向读者介绍了ChatGPT生成学术类文案的方法，包括论文大纲、论文降重、学习笔记、专业解惑、个人简历、商业计划书和创建思维导图的操作方法，能够帮助读者提高学习和工作的效率。

课后习题

鉴于本章知识的重要性，为了帮助读者更好地掌握所学知识，本节将通过课后习题，帮助读者进行简单的知识回顾和补充。

1. 尝试运用ChatGPT生成你所喜欢的小说的读书笔记。

2. 尝试运用ChatGPT创建关于情绪管理课程大纲的思维导图。

第 13 章

小说类文案：用 AI 实现作家梦想

小说类文案是指一些虚构的、带有故事情节的文字内容。这类文案通常通过描述情节发展和刻画人物形象来吸引受众的关注，包括言情小说、科幻小说、推理小说、历史小说、现实小说等。本章将介绍运用ChatGPT 生成小说类文案的操作方法。

13.1 言情小说

　　言情小说是以爱情为主题，通过完整的故事情节和具体的环境描写来反映爱情观念的文学体裁。言情小说自我国唐代时兴起，发展至今，仍然有很大的受众群体。运用ChatGPT可以为用户提供创作言情小说的灵感，具体的操作方法如下。

扫码看教学视频

　　步骤 01 让ChatGPT生成言情小说的目录，在输入框中输入"提供一本言情小说的目录，书名为《青梅竹马》"关键词，生成的回复如图13-1所示。

当然，以下是《青梅竹马》这本言情小说的目录：

目录：

第一章：相识

- 第一节：童年的邂逅
- 第二节：纯真的友谊

第二章：分离

- 第一节：命运的捉弄
- 第二节：离别的泪水

第三章：重逢

- 第一节：邂逅的巧合
- 第二节：再度相遇

第四章：初恋

- 第一节：心动的瞬间
- 第二节：少女的羞涩
- 第三节：爱的萌芽

第五章：成长

- 第一节：追求梦想
- 第二节：人生的抉择
- 第三节：友情的考验

第六章：误会与挫折

- 第一节：情感的曲折
- 第二节：矛盾的交锋
- 第三节：伤心的离去

第七章：决裂

- 第一节：无法释怀的伤痛
- 第二节：决绝的分手
- 第三节：心灵的撕裂

第八章：重回真爱

- 第一节：重拾信任
- 第二节：深藏的情感
- 第三节：爱的宣言

第九章：命运的转折

- 第一节：阻隔的陷阱
- 第二节：危机的挑战
- 第三节：守护的决心

第十章：永恒的承诺

- 第一节：破碎的誓言
- 第二节：爱的救赎
- 第三节：青梅竹马的结局

附录：作者的话

希望这个目录能够满足你的需求！如果你有其他问题或者需要更多帮助，请随时告诉我。

图 13-1　ChatGPT 生成的言情小说目录

步骤 02 让ChatGPT续写言情小说的其中一节或一章，在输入框中输入"续写第一节，要用网文的写作风格、故事情节有新意"关键词，生成的回复如图13-2所示。可以看出，ChatGPT创作的言情小说满足了情节有新意这一要求，但在行文逻辑和人物取名上仍存在不足，可以输入具体的要求让ChatGPT进行优化。

第一节：童年的邂逅

柔和的阳光洒在小镇上，伴随着微风轻拂的声音，一个五彩斑斓的风筝在蓝天中翱翔。这是一个寂静而宁谧的下午，两个年幼的孩子在青青草地上嬉戏。

小李是个机灵活泼的男孩，他身穿一件破旧的T恤，蓝色牛仔裤上还沾满了泥土，然而，他的脸上却洋溢着天真灿烂的笑容。他手中抓着一根红线，牢牢地系着那只飘扬的风筝。

而小芳则是一个聪明可爱的女孩，她有一头黑亮的长发，身穿一件粉色连衣裙，脸上带着红晕。她看着小李紧张而专注地系着风筝，嘴角微微上扬。

"小李，你一定能让风筝飞得更高！"小芳鼓励地说道。

小李微笑着抬头看向小芳，他们的目光在空中交汇，仿佛默契般明了对方的心意。他们从小就是最好的朋友，青梅竹马的关系让他们的心灵紧密相连。

突然，微风变得更加狂暴，小李手中的风筝剧烈摇晃起来。他紧紧抓住线，但风筝还是被风吹得不受控制，开始急速下降。

小芳见状，毫不犹豫地冲上前去，伸出小手紧紧抓住风筝线的另一端。她用尽全力往后拉，与小李一起努力阻止风筝的坠落。

他们的双手交织在一起，力量的碰撞让他们感受到对方的坚定。风筝虽然仍然摇摇欲坠，但他们并没有放弃，他们相信只要他们齐心协力，就能够战胜困难。

最终，在他们的努力下，风筝重新稳定了下来，再次在天空中飞翔。小李和小芳紧紧地拥抱在一起，他们的笑容中充满了无尽的喜悦和成就感。

从那一天起，小李和小芳的友谊更加牢不可破。他们一起度过了快乐的童年时光，共同经历了无数的冒险和游戏。他们互相扶持，在彼此的陪伴中茁壮成长。

然而，命运的轮回常常是出人意料的。就在他们即将步入青春期的时候，一场突如其来的变故改变了一切……

（故事情节可以在这里进行展开，可以写关于他们分离的原因，以及之后的重逢和他们逐渐发展出的爱情。故事可以充满情感冲突、成长和挫折，通过情节的发展展示出他们之间的爱情历程。）

图 13-2 ChatGPT 续写的言情小说

13.2 科幻小说

科幻小说是指在尊重科学结论的基础上，进行故事虚构的文学体裁。这类小说主要以科学故事为题材，一般具备逻辑自洽、科学元素和人文思考3个要素。运用ChatGPT可以为用户提供创作科幻小说的灵感，具体的操作方法如下。

扫码看教学视频

步骤01 让ChatGPT扮演特定的角色，在输入框中输入"你的角色是一名科幻小说家，擅长创作脑洞大开且引人入胜的故事，能够长期吸引读者"关键词，ChatGPT会生成对角色的理解和角色定位，如图13-3所示。

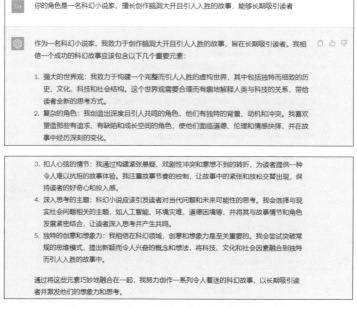

图13-3　ChatGPT 生成对角色的理解和角色定位

步骤02 让ChatGPT完成写作科幻小说的任务，在输入框中输入"现在需要你虚构一篇800字的科幻小说，主题为'人类的未来与火星的关系'，语言风格不限，但需要遵循以下规则：1、逻辑自洽；2、带有科学元素；3、有一定的人文思考"关键词，ChatGPT会按照要求创作科幻小说，如图13-4所示。

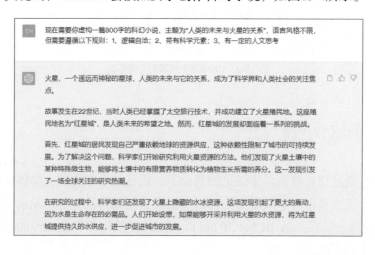

然而，挑战并不止于此。火星的大气稀薄且缺乏氧气，使得人类在火星表面无法直接生存。为了解决这个问题，科学家们发明了一种名为"氧化装置"的设备，可以将火星大气中的二氧化碳转化为氧气。这项技术使得人类能够在火星表面呼吸，并为红星城的居民提供了稳定的氧气供应。

然而，这些科技突破并不代表一切顺利。火星表面的恶劣环境和孤独的生活状态给居民们带来了心理压力和孤独感。为了解决这个问题，心理学家和社会学家们开展了一系列的研究，以改善居民的心理健康。他们通过提供社交支持、创造娱乐活动和心理辅导等方式，帮助居民们克服困难，建立起彼此之间的紧密联系。

随着时间的推移，红星城逐渐发展成为一个繁荣的城市。人们开始思考更远大的目标，包括探索更远的星系和建立更多的殖民地。然而，他们也开始反思人类与火星的关系。火星被视为一种资源，但人们是否应该完全改变火星的面貌，抹去它的独特之处？人们开始重新思考人类与宇宙的关系，以及人类作为地球的居民，如何负责地对待其他星球。

红星城成为了人类未来的希望，同时也成为了人类思考人文问题的起点。人们开始反思人类文明的目标和责任，不仅仅是在火星，更是在整个宇宙中。

在这个科幻故事中，人类与火星的关系被描绘成一个既具有科学元素又带有人文思考的复杂话题。通过刻画科技突破、资源利用、环境适应以及人类情感和道德的挑战，故事探讨了人类未来在宇宙中的定位和责任。

图13-4 ChatGPT按照要求创作的科幻小说

13.3 推理小说

推理小说是一种以逻辑推理的方式来虚构故事的文学体裁。这类小说通常会设置一个谜题来连贯故事，让读者寻找凶手或找寻失物，以此来吸引读者的阅读兴趣。运用ChatGPT可以为用户提供创作推理小说的灵感，具体的操作方法如下。

扫码看教学视频

步骤01 让ChatGPT分析著名推理小说家的写作风格，在输入框中输入"请分析阿瑟·柯南·道尔（Arthur Conan Doyle）写作推理小说的风格"关键词，生成的回复如图13-5所示，确保ChatGPT对这位推理小说家有所了解。

请分析阿瑟·柯南·道尔（Arthur Conan Doyle）写作推理小说的风格

阿瑟·柯南·道尔是英国作家，以创造了著名的侦探角色夏洛克·福尔摩斯而闻名于世。他的推理小说风格具有以下几个特点。

1. 逻辑严密的谜团：道尔的推理小说以复杂而精心设计的谜团为特点。读者通常面临一个看似无法解答的谜团，然后通过福尔摩斯的推理和观察力来逐步揭示真相。道尔善于运用逻辑推理和细节观察，为读者呈现出一个扣人心弦的推理过程。

2. 强调观察和推理：福尔摩斯是一个以观察和推理为核心的侦探角色，而这也体现了道尔的写作风格。他善于描述福尔摩斯的细致观察和敏锐的推理能力，通过这些元素引导读者一起思考和解决谜题。

3. 突出心理描写：道尔的小说经常涉及犯罪行为的心理层面。他对人物心理状态的描写细致入微，通过对犯罪者和受害者内心的刻画，增加了故事的紧张感和情感深度。

4. 多样的故事情节：道尔的作品涵盖了各种不同类型的案件，包括谋杀、盗窃、诈骗等。他巧妙地运用各种情节元素，如诡计、误导和意外事件，使读者保持兴趣并引发推理的欲望。

图13-5

> 5. 时代背景和细节描写：道尔的小说通常设定在19世纪末的维多利亚时代伦敦。他对当时社会、科技和文化背景的描写非常详细，通过对细节的把握，创造了一个真实而引人入胜的背景环境。
>
> 总的来说，道尔的推理小说风格以复杂的谜团、推理和观察力为核心，通过心理描写、多样的情节和详细的时代背景描写，为读者呈现出扣人心弦的故事。这些特点使得道尔的作品在推理小说领域具有深远的影响，并使他成为了推理小说的经典大师。

图 13-5　ChatGPT 分析推理小说家的写作风格

步骤02 让ChatGPT模仿著名推理小说家的写作风格，在输入框中输入"模仿阿瑟·柯南·道尔（Arthur Conan Doyle）的写作风格，虚构一篇推理小说，字数在800字以内"关键词，ChatGPT会按要求生成推理小说，如图13-6所示。

> 标题: 失踪的钻石
>
> 第一章: 谜团
>
> 伦敦，1892年的一个阴雨连绵的傍晚。夏洛克·福尔摩斯收到了一封来自富豪亨利·斯坦利的信，寻求他的帮助。信中提到，斯坦利家族的珍贵钻石突然失踪了。福尔摩斯决定亲自前往斯坦利府邸调查此案。
>
> 第二章: 调查
>
> 福尔摩斯抵达斯坦利府邸，与亨利·斯坦利及其家人会面。斯坦利家族是有声望的钻石商家，这颗失踪的钻石价值连城，是家族的骄傲。福尔摩斯详细询问了家人和仆人，发现在失踪前没有出现任何可疑行为或线索。然而，福尔摩斯留意到斯坦利家族中的一个保镖，名叫约翰逊，神情不安，似乎有所隐瞒。
>
> 第三章: 发现
>
> 福尔摩斯展开了对约翰逊的调查。通过观察他的行动和言谈，福尔摩斯怀疑约翰逊与失踪案有关。在夜深人静时，福尔摩斯决定潜入约翰逊的住所进行搜查。在他的房间里，福尔摩斯发现了一个隐藏的储藏室，里面堆满了各种珠宝和钻石。最引人注目的是，福尔摩斯发现了一颗与斯坦利家族失踪的钻石极其相似的钻石。

> 第四章: 真相揭示
>
> 福尔摩斯将约翰逊带到斯坦利府邸，面对斯坦利一家。福尔摩斯指出约翰逊是一个聪明而狡猾的窃贼，他利用自己的职位，偷取了斯坦利家族的钻石。他隐藏了偷来的财宝，并伪造了自己的无辜。然而，福尔摩斯通过观察到的一些细节，例如约翰逊的紧张情绪和他的储藏室，得出了这个结论。
>
> 约翰逊被逮捕，钻石被归还给斯坦利家族。福尔摩斯解释了他是如何通过观察和推理来揭示真相的。他注意到约翰逊的神情不自然，而且在他的房间中，没有找到任何与他的工资相符的财产。最重要的是，福尔摩斯注意到了约翰逊的手指上有一丝钻石粉末的痕迹，这是钻石被他处理后的结果。
>
> 结尾:
>
> 亨利·斯坦利对夏洛克·福尔摩斯的才智和勇敢表示感激。福尔摩斯则谦虚地回应说，这只是他作为一名侦探的职责和乐趣。他告诉斯坦利家族，珍贵的钻石再次安全，家族的声誉也得以恢复。福尔摩斯离开斯坦利府邸，留下了满是感激和敬佩的亨利·斯坦利一家。
>
> 这是夏洛克·福尔摩斯在推理小说《失踪的钻石》中解决的一个案件。福尔摩斯通过观察、推理和细致的分析，发现了隐藏在伦敦雨夜中的谜团的答案，并最终将罪犯绳之以法。这个故事体现了阿瑟·柯南·道尔的推理小说风格，强调复杂的谜团、逻辑推理和精心设计的情节。

图 13-6　ChatGPT 按要求生成的推理小说

13.4　历史小说

历史小说是一种以虚构或改编历史故事为题材的文学体裁。其通过虚构或刻画历史人物或事件来再现某一历史时期的生活面貌和发展状况。历史小说被要求基于历史事实，但又可以进行适当的虚构、想象与概括，因此在一定程度上，既可以满足读者对历史知识学习的需求，又可以激发读者的阅读兴趣。运用ChatGPT可以为用户提供创作历史小说的灵感，具体的操作方法如下。

扫码看教学视频

步骤 **01** 在输入框中输入对话背景，如输入"你知道《草船借箭》这个历史故事吗"关键词，生成的回复如图13-7所示，确认ChatGPT是否了解某一历史事件。可以看出，ChatGPT并不了解这一历史故事，因此给出了错误的答案。

图 13-7　ChatGPT 对某一历史事件的了解

步骤 **02** 纠正ChatGPT的事实性错误，输入"不对，×××（《草船借箭》真正的事件经过）"关键词，ChatGPT会修正它的答案，如图13-8所示。

图 13-8　ChatGPT 修正自己的回复

步骤03 让ChatGPT根据这一历史事件来创作历史小说，输入"根据《草船借箭》这一历史事件，进行合理的虚构或改编，创作一篇500字的历史小说"关键词，ChatGPT会按照要求生成历史小说，如图13-9所示。用户可以参考ChatGPT生成的历史小说，借鉴其叙事角度、虚构方式等。

根据《草船借箭》这一历史事件，进行合理地虚构或改编，创作一篇500字的历史小说

在东汉末年，三国鼎立之际，各方势力纷争不断。曹操领导的魏国势力强大，东吴和蜀国成为了他的对手。在这个动荡的时期，一场精彩绝伦的计谋在江东大地上展开。

故事的主人公是一位年轻且聪明绝顶的东吴将领，名叫张扬。他聪慧过人，深受孙权的赏识。然而，曹操统治的魏国对东吴构成了巨大的威胁。为了增强东吴的军力，张扬决定运用诸葛亮的《草船借箭》计策。

孙权接受了张扬的建议，命令他与诸葛亮密谋，计划借箭。然而，他们明白只是按照历史故事来重复，并不能蒙蔽曹操的眼睛。因此，他们决定对计谋进行改编，以确保成功。

张扬和诸葛亮商定了新的计策。他们先是派遣密探混入曹操军中，散布谣言称东吴将要进攻魏国，同时散布虚假的兵力信息，让曹操相信东吴军队已经集结了大量兵力。接着，诸葛亮命令民众在长江边疯狂修建船只，并且将这些船只都涂成鲜红色。

当曹操得知东吴军队即将进攻时，他急忙集结军队准备抵御。在此期间，张扬和一群精选的士兵将诸葛亮的计谋进行了另一次改编。他们找到了一片茂密的竹林，并将竹子削成箭矢的形状，然后用红色染料染红箭矢。这些竹制的箭矢看起来和普通箭矢一模一样。

终于，曹操的军队来到长江边。他们看到江面上停满了红色的船只，以为是东吴军队已经集结完毕。曹操大为震惊，心生恐惧。然后，他们开始放箭，密密麻麻的箭矢射向江面上的红色船只。

然而，箭矢射中的并非真正的船只，而是那些染红的竹箭。红色的箭矢如雨般落在江面上，仿佛整个江面都被红色箭矢覆盖。曹操军队惊愕地发现，他们的箭矢被用来借箭，而且东吴根本没有真正的船只。

张扬和他的士兵抓紧时机，迅速收集江面上的红色箭矢，将它们运回东吴军队。这些红色箭矢成为了东吴的强大武器，大大增强了他们的实力。

这场巧妙的计谋使东吴成功地借到了大量箭矢，为日后的战斗奠定了基础。张扬因此成为了东吴军队中备受尊敬的将领，他的智慧和勇气也广为传颂。

《草船借箭》这个历史事件在张扬的手中得以继续，成为了一个更加精彩、充满创意的故事。它向人们展示了人类智慧的辉煌和战略的力量，在历史长河中闪耀着耀眼的光芒。

图 13-9　ChatGPT 生成的历史小说

13.5 现实小说

现实小说是指取材于现实生活，并如实反映客观现实的文学体裁。这类小说并非像纪录片一样将生活中正在发生的事原原本本地记录下来，而是力求客观地再现典型环境中的典型人物，从典型中窥

扫码看教学视频

探、反映现实。用户运用ChatGPT生成现实小说，重在让ChatGPT刻画出丰满的人物和描述事件、环境的细节，具体的操作方法如下。

步骤 01 让ChatGPT根据种子词来虚构故事，如在输入框中输入“请根据以下种子词生成一篇500字的现实小说。种子词：咖啡店、头发花白的老婆婆、穿补丁的5岁小女孩、冰淇淋”关键词，ChatGPT生成的回复如图13-10所示。

咖啡店里，散发着浓郁的咖啡香气。阳光透过玻璃窗洒进来，映照在木制桌椅上，给人一种温馨的感觉。坐在角落的一张圆桌旁，有一位头发花白的老婆婆。她轻轻地品味着手中的咖啡，眼神中透着岁月的沉淀。

与老婆婆相邻的座位上，坐着一位穿补丁的5岁小女孩。她的眼睛明亮而灵动，黑色的卷发散落在肩膀上，看上去十分活泼可爱。小女孩看着老婆婆，好奇地问道：“奶奶，你为什么头发都是白色的？”

老婆婆微微一笑，轻柔地拨弄着自己的白发。她耐心地解释道：“亲爱的，这是岁月给我的礼物。它们见证了我一生的点点滴滴，每一根白发都有一个故事。”

小女孩眨着大眼睛，好奇地问道：“能给我讲一个故事吗？”

老婆婆点了点头，轻轻抚摸着小女孩的头发，开始讲述一个温暖的故事。

故事中，有一个小女孩和她的爷爷，每天一起经过这家咖啡店。她们喜欢这里的氛围，喜欢坐在窗边欣赏街道上的人群。而每当天气炎热，她们最喜欢的就是来这里品尝冰淇淋了。

冰淇淋店的老板看到她们来了，总是笑容满面地迎接。小女孩喜欢各种各样的冰淇淋口味，而爷爷则总是会选择香草口味。每一次，爷爷总会对小女孩说：“亲爱的，人生就像一杯冰淇淋，各种口味交织在一起，才会变得更加美味。”

小女孩听爷爷的话，总是点点头，笑得像朵盛开的花朵。她们边品尝冰淇淋，边交流彼此的快乐和困扰。这样的时光，对她们而言，是最珍贵的。

然而，时间如流水般流逝。小女孩渐渐长大，她的爷爷也逐渐离开了人世。但是，咖啡店和冰淇淋依然在那里，见证着岁月的更迭。

现在，小女孩已经是一位成年女性了。她带着一份深深的思念，回到了这家咖啡店。当她坐在角落的圆桌旁，抿着咖啡的时候，她突然看到了一个熟悉的身影。

是那位头发花白的老婆婆，她仿佛没有一日不来这里。小女孩走过去，温柔地叫了一声：“奶奶。”

老婆婆抬起头，眼中闪烁着泪花，她激动地说道：“孩子，我终于又见到你了。”

小女孩拉过一把椅子，坐在老婆婆的身旁。她轻轻拭去老婆婆脸上的泪水，温声说道：“奶奶，我想念您，想念我们一起品尝冰淇淋的时光。”

老婆婆微笑着，握住小女孩的手。在那个熟悉而温馨的咖啡店里，她们分享着彼此的故事，回忆着那些美好的时光。

岁月如梭，咖啡店的故事还在继续，而冰淇淋的味道，却永远在两人的心中留下了深深的痕迹。

图 13-10　ChatGPT 根据种子词生成的现实小说

步骤 02 在输入框中输入“做出以下修改：1、让‘补丁’在故事中发挥一定的作用；2、确保小说中的所有逻辑是自洽的”关键词，ChatGPT会对所生成的故事进行优化，如图13-11所示。

咖啡店里弥漫着浓郁的咖啡香气，阳光透过玻璃窗洒进来，照亮了整个空间。坐在一张靠窗的桌子旁，有一位头发花白的老婆婆。她慢慢品味着手中的咖啡，眼神中透露着岁月的积淀。

靠近老婆婆的座位上，坐着一个穿补丁的5岁小女孩。她黑色的卷发散落在肩上，一双明亮的眼睛充满好奇。小女孩眼巴巴地望着老婆婆，小声问道："奶奶，你的头发为什么是花白的呢？"

老婆婆微笑着，抚摸着自己的头发，温柔地说道："亲爱的，这是岁月赐予我的礼物。每一根花白的头发都是我经历过的时光的痕迹。"

小女孩眨着眼睛，好奇地继续问道："奶奶，你能给我讲一个故事吗？"

老婆婆点点头，微笑着开始讲述一个与补丁有关的故事。

故事发生在一个小镇上的咖啡店里。在那个咖啡店里，有一位老婆婆经营着这家温馨的店铺，她的名字叫玛丽。而在这家咖啡店的附近，住着一个穿补丁衣服的5岁小女孩，名叫艾米。

艾米是一个聪明而机灵的小女孩，她总是对咖啡店充满好奇。有一天，她忍不住走进了咖啡店。玛丽笑着迎接她，用温柔的目光望着她，说道："小姑娘，欢迎来到我的咖啡店，你喜欢喝咖啡吗？"

艾米皱着眉头思考了一会儿，然后破涕为笑地说道："奶奶，我还太小了，不喝咖啡。但是我喜欢冰淇淋！"

玛丽微笑着点点头，转身走到柜台后面，拿出一杯美味的冰淇淋，轻轻放在了艾米面前。艾米高兴地接过冰淇淋，一边吃一边眼巴巴地看着玛丽。

艾米忍不住问道："奶奶，你的衣服上有好多补丁，为什么呢？"

玛丽抚摸着补丁上的痕迹，微笑着说道："这些补丁是我修复过的，每一个补丁都有一个故事。它们是我经历的困难和挑战的象征。"

艾米好奇地望着玛丽，心中充满了敬意。她吃着冰淇淋，听着玛丽讲述她修复衣服的故事，感受着她坚强和乐观的态度。

从那天起，艾米经常来到咖啡店，和玛丽分享她的快乐和烦恼。她学习玛丽的坚韧和勇敢，逐渐变得更加自信。而玛丽也像她的亲人一样，给予艾米无尽的关爱和指导。

时间流转，艾米渐渐长大，成为了一位优秀的设计师。当她在一家时尚公司工作时，她决定以补丁作为设计的灵感，展示每一个人都有故事和价值的理念。

她设计了一系列服装，补丁成为了每个作品上的亮点。这些补丁代表了坚韧、勇敢和生命的痕迹。艾米的设计受到了热烈的欢迎，她的作品让人们感受到了坚持和希望的力量。

一天，艾米收到了一封信，发件人是玛丽。信中，玛丽表达了对艾米的骄傲和祝福。她写道："亲爱的艾米，你用补丁装点了人生的服装，让每一个人都能感受到内心的力量。我为你感到无比自豪。"

艾米读完信后，泪水在她的眼中打转。她知道，她的成就离不开玛丽的教诲和支持。

于是，艾米决定回到咖啡店，见到了那位头发花白的玛丽。两人相拥而泣，彼此分享着彼此的成就和喜悦。

在这家充满回忆和情感的咖啡店里，艾米和玛丽一起享受着咖啡的香气和冰淇淋的甜美。他们明白，无论岁月如何流转，他们之间的纽带将永远存在，而补丁则成为了他们故事中的重要符号，象征着坚持、勇敢和相互扶持的力量。

图 13-11　ChatGPT 优化后的现实小说

可以看出，ChatGPT生成的现实小说虽然满足了关键词的要求，但对人物的刻画和环境细节的描写不够深刻，导致小说缺乏一定的文学性，且在结局和思想上有些落于俗套，因此ChatGPT生成的现实小说仅起到参考作用，可以为创作者们提供创作灵感。

★ 专家提醒 ★

由于 ChatGPT 是可以基于语境生成连续性文本的语言交互模型，相当于人脑在运作，因此用户在与 ChatGPT 对话时，即便是输入同样的关键词，也会获得不同语言风格或不同文本内容的回复，这一点需要用户加深理解。

本章小结

本章向读者介绍了运用ChatGPT生成小说类文案的方法，包括言情小说、科幻小说、推理小说、历史小说和现实小说，能够帮助读者提供创作小说的灵感。望读者学完本章的内容后，及时实操练习，以真正地学会运用ChatGPT创作小说。

课后习题

鉴于本章知识的重要性，为了帮助读者更好地掌握所学知识，本节将通过课后习题，帮助读者进行简单的知识回顾和补充。

1. 尝试运用ChatGPT生成一本言情小说。
2. 给ChatGPT提供种子词，尝试让ChatGPT生成现实小说。